教科横断的な資質・能力を育てる
アクティブ・ラーニング
[小学校]
主体的・協働的に学ぶ授業プラン

上條晴夫[編]

図書文化

まえがき

本書は，いま話題のアクティブ・ラーニングのヒントとして，過去10年間以上に渡って，わたしたちが発掘・開発をしてきたワークショップ型授業を提案するものである。

文部科学省がアクティブ・ラーニングを提案する背景には，世界的な教育の大きな潮流変化がある。端的に言って，これまで各国ごとに行ってきた教育を，国際的流動性の高くなったグローバルな世界で，地球のどこででも使える学力を身につけさせようとする。

世界のどこででも使える学力とはおよそ以下のような内容の学力である。（参考：キーコンピテンシー（OECD），21世紀スキル（ATC21s），21世紀型能力（国立教育政策研究所）

1. 問題解決力（問題発見・設定，情報収集・分析，計画・実行，表現省察など）
2. 思考力（論理的思考，批判的思考，創造的思考 など）
3. 表現力
4. コミュニケーション力
5. 自己省察力（自己調整，メタ認知，情動制御 など）

これらの学力を身につけるアクティブ・ラーニングでは，「講義形式のような教員による一方向的な授業ではない授業」（文部科学省）を行う。長いカタカナ語の教育方法なので，少し抵抗があるが，小学校・中学校ではこれまでも多くの教員が一方向的ではない授業を多様に開発してきた。ワークショップ型授業はその筆頭格である。以下，アクティブ・ラーニングの実践上の特徴をワークショップ型授業の観点から簡単に述べる。

①従来の伝統的な授業づくりでは「教科書教材」に代表される厳選された内容をいかにわかりやすく伝えるかに焦点が当たっていた。これに対して，アクティブ・ラーニングでは「アクティヴィティ教材」に代表される活動形式のしかけに焦点が当たる。

②従来の授業のやり方では教師は教科書をわかりやすく教えたら，あとは学習者の努力に任せるということだったのに対して，アクティブ・ラーニングのやり方では，教師は子どもたちの学びの深まりを随時確認しつつ活動教材のしかけを調整していくことになる。

本書刊行が現場で授業する先生たちがアクティブ・ラーニングを作り出していくうえの小さなヒントになればと考える。本書がキッカケになって，グローバル化の動きの激しい21世紀に必要な学力が子どもたちに僅かでも身につくことになれば幸いである。

編者　上條晴夫

もくじ

第1章

いま，なぜ「アクティブ・ラーニング」なのか

- アクティブ・ラーニングとは何か?
- なぜアクティブ・ラーニングが必要なのか
- アクティブ・ラーニングの特徴とは
- アクティブ・ラーニングの3つの効果
- 従来の授業をどう変えるとよいか

●いま，なぜ「アクティブ・ラーニング」なのか

アクティブ・ラーニングとは何か？

1 3つの定義のレベル

アクティブ・ラーニングという言葉が教育現場でも飛び交うようになった。

その最大の震源は平成26年11月20日，文部科学大臣下村博文氏から中央教育審議会に対して次期学習指導要領の検討を諮問した「初等中等教育における教育課程の規準等の在り方について」という文書にあるだろう。ごく短い文書中に4回もこの言葉が出てくる。

以下，このアクティブ・ラーニングについて，すでにある政策的定義・学術的定義を簡単に考察した上で，本書がアクティブ・ラーニングの代表格の1つであると考える「ワークショップ型授業」に基づいて，実践的定義を新たに提案したい。なぜ政策的・学術的の定義に新たに実践的定義を加えるかというと，本書が主なターゲットと考える読者層は教育行政関係者や研究者ではなく，現場で実践を展開する先生方だからである。その先生方に必要な定義は，実践を始める指標が必要だと考えるからである。

2 政策的定義としてのアクティブ・ラーニング

『新たな未来を築くための大学教育の質的転換に向けて～生涯学び続け，主体的に考える力を育成する大学へ～（答申）』平成24年8月28日中央教育審議会の用語集では，アクティブ・ラーニングの説明が次のように書かれている。

> 教員による一方向的な講義形式の教育とは異なり，学修者の能動的な学修への参加を取り入れた教授・学習法の総称。学修者が能動的に学修することによって，認知的，倫理的，社会的能力，教養，知識，経験を含めた汎用的能力の育成を図る。発見学習，問題解決学習，体験学習，調査学習等が含まれるが，教室内でのグループ・ディスカッション，ディベート，グループ・ワーク等も有効なアクティブ・ラーニングの方法である。

政策的定義で大事なのは大きな方向性である。現場の先生方が授業を進める上での舵取りが役目である。その舵取りによる大きな方向性さえ間違いなく打ち出せれば，あとは研究者による掘り下げ，実践家による実験的授業提案が期待できるからである。

すると，この定義では，当面，冒頭の一文「教員による一方向的な講義形式の教育とは異なり，学修者の能動的な学修への参加を取り入れた教授・学習法の総称」だけを頭に入れて，その概略をつかむとよい。（注：「学修」は「学習」と使い分けられている。

授業時間だけではなく，授業外（予習・復習）も含めた学びの様態を捉えようとする考えとして「学習」でなく「学修」が使われている。）この政策的定義が言っているアクティブ・ラーニングの定義の最大のポイントは「一方向的な講義形式の教育」とは異なるという点である。この方向性をまず頭に入れるとよい。

3 学術的定義としてのアクティブ・ラーニング

そもそもアクティブ・ラーニングは教員の一方向的な講義形式が主流の大学授業を改革するために持ち出された言葉である。大学教育向けに書かれた溝上慎一氏の「専門的な理論書」である『アクティブラーニングと教授学習パラダイムの転換』（東信堂）には新規性を何より大事にする研究者に向けた次の定義がなされている。

> 一方向的な知識伝達型講義を聴くという（受動的）学習を乗り越える意味での，あらゆる能動的な学習のこと。能動的な学習には，書く・話す・発表するなどの活動への関与と，そこで生じる認知プロセスの外化が伴う。

学術的定義の特徴は新規性（新しさ）を明瞭に打ち出すことである。定義の中には，能動的な学習のアウトラインとして，学生の「書く・話す・発表するなどの活動への関与」という要素と，「そこで生じる認知プロセスの外化」の要素という「アクティブラーニング」の２つの基本要素が不可欠であることが議論されている。

この中で新規性のあるのは「関与」「外化」の２つの言葉である。

まず「関与」について。溝上氏が定義する際に参照した須長一幸氏の論文「アクティブ・ラーニングの諸理解と授業実践への課題―activeness 概念を中心に―」（『関西大学高等教育研究（創刊号）』関西大学教育開発支援センター）には，「アクティブ・ラーニングは一般に，学生を“active”にすることを意図した教授法・学習法である，とする理解はすでに共通に得られていると言える」とした後，“active”という状態とは何かをめぐって，3つの文献が検討される。その3文献に共通して登場するのが「関与」(engage, involvement）である。学生がアクティブであるかどうかは，学生が学習プロセスに「関与」しているどうか，によるとする。

次に「外化」について。外化とは認知科学の用語で「自らの考えやアイデアを発話，文章，図式化，ジェスチャー等の方法で外に出してみること」と言われている。頭の中の考えを可視化することで理解の不十分さがわかって正確さを補うことにつながったり，その知識についての新しいつながりを発見したりできると言われる。『認知科学辞典』（共立出版）には「内部で生じる認知的過程を観察可能な形で外界に表すこと。発話，メモ，図，ジェスチャ，文章化，モデル化，シミュレーションなど多様な手段がある。外界に固定されることで記憶を保持すると同時にそれ自体が操作の対象となることによって情報処理の負荷を軽減する」というふうに解説されている。

4 実践的定義としてのアクティブ・ラーニング

政策的定義がアクティブ・ラーニングの大きな方向性を，学術的定義が新しい学びとしての特質（要素）を掘り下げている。しかし現場の先生方がアクティブ・ラーニングを実際に始めようとすると，政策的定義や学術的定義だけでは不足である。政策的定義の中にある教育技法，学術的定義の中にある概念はアクティブ・ラーニングのイメージづくりには重要であるが，授業づくりをはじめる力としては弱い。

そこで本書では，わたしたちがこれまで実践的な提案をしてきた「ワークショップ型授業」（＝活動中心の授業）をアクティブ・ラーニングの「指標実践」と位置づけ，アクティブ・ラーニングの授業づくりを促すための定義を以下のように試みる。

（アクティブ・ラーニングの指標実践としての）ワークショップ型授業では，「授業の中心に活動がある」ように設計する。その体験を「学び」に結びつけるために「ふり返り」をする。以上の「活動＋ふり返り」が，できるかぎり自由な，気楽な感じの中で行われるように，教師は子どもと「水平な関係」になるように配慮する。
（上條晴夫編著『ワークショップ型授業で国語が変わる<小学校>』（図書文化，p.9）

アクティブ・ラーニングの授業づくりに必要となるのは最初の２文である。

●ワークショップ型授業では，「授業の中心に活動がある」ように設計する。

●その体験を「学び」に結びつけるために「ふり返り」をする。

まず授業の中心に何を置くか。定義は「活動」（アクティヴィティ）を置くとしている。では「活動中心の授業」以外に何があるかというと，講義のような「説明中心の授業」と，発問型授業のような「発問中心の授業」である。授業づくりを考える際，教育的な中心点として，説明を考えるか，発問を考えるか，活動を考えるかである。これを図式化したものが，次の「３つの授業類型」（上條作成）である。

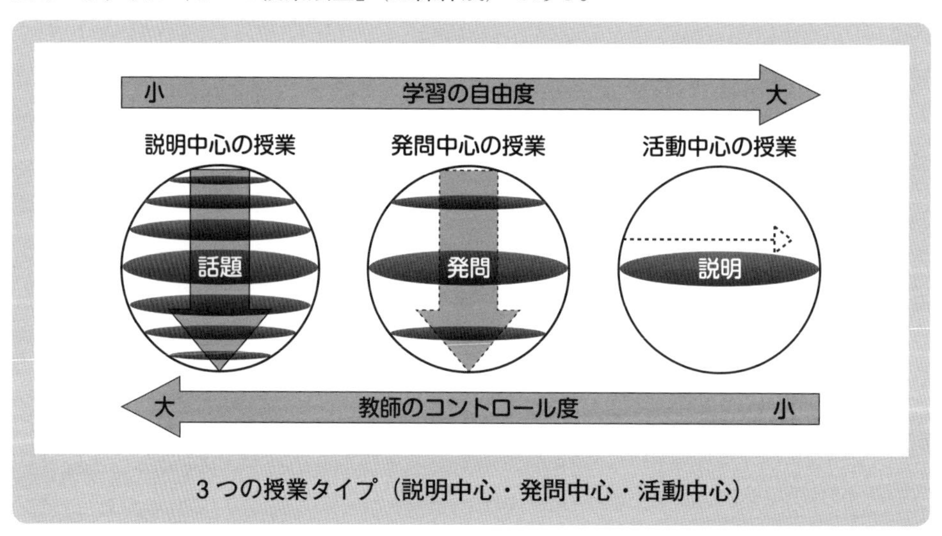

３つの授業タイプ（説明中心・発問中心・活動中心）

たとえば，溝上氏の定義では大学授業の中でたった５分間だけ「活動」（クイズやコメントシートに書き込みをするなど）を行ったとしても，それもすべて「アクティブラーニング」であるとしている。これは大学授業では 90 分間の授業をすべて講義だけで押し通すことが未だ少なくないことが背景になった定義である。

これに対して，わたしの「活動中心の授業」の定義では，授業の中心（51％以上）に「活動」（学習ゲームや作文活動やディスカッションなど）を置く。現在の小中学校の授業の現状は「発問中心の授業」が一般的になっていて，大学よりはるかに能動的な学びの工夫が行われていることが背景にある。しかし小中学校でも活動（＝アクティヴィティ）を中心とした授業づくりはまだまだ少ないのが現状だからである。

この実践的定義は「活動」（学習形態）を強調している。現場教師が新しい授業づくりに挑戦しようと考えた際に手掛かりになるのは「教材」だと考えるからである。伝統的授業が授業づくりの教材として真っ先に教科書を思い浮かべるのと同様に，アクティブ・ラーニングでは教材として「活動」（アクティヴィティ）を考える。授業の終末部分でまとめを考えるのと同様に，「活動」の中で起こった学びの「ふり返り」の仕方を考える。それがアクティブ・ラーニングの授業づくりになるのである。

● いま，なぜ「アクティブ・ラーニング」なのか

なぜアクティブ・ラーニングが必要なのか

1 アクティブ・ラーニング宣言の背景には何があるか

文部科学省が通達文書の中にアクティブ・ラーニングのような指導方法にかかわることを大々的に押し出すのは異例のことである。従来の日本の教育課程政策では「何を教えるか」という約束事が核になっていて，「どのように教えるか」ということは現場に任せるのが慣習になっていたからである。それが大枠的な特徴とは言え，アクティブ・ラーニングのような指導方法を大きく打ち出してくるのは，その背景にそれなりの理由がある。その理由は先の諮問文書中に出てくる。

この異例事態に踏まえておくべき理由は大きく３つである。

１つは「学習指導要領など」（教育基本法，学校教育法）。教育基本法の改正，学校教育法の「学力の三要素から構成される『確かな学力』」，そして言語活動や各教科における「探究的な学習活動等」の重視などの学習指導要領の変化である。

２つは「国内外の学力調査」（ＰＩＳＡ，全国学力・学習状況調査）。徐々に改善の傾向にはあるが，論理的・批判的な思考力，また国際的な比較から見た自己肯定感，学習意欲，社会参画意識の弱さなど，まだまだ改善を要するポイントがある。

３つは「資質・能力の育成」（キー・コンピテンシー他）。世界の教育動向が「何を教えるか」から「どのように学ぶか」に大きくシフトしている。その前提として変革期にある社会に必要な「資質・能力」が強調されるようになってきている。

以上３つのうち，アクティブ・ラーニング宣言に直結するのは「資質・能力の育成」の点である。まず新しい時代に要請される教育として諮問文中に４つの例が紹介されて

いる。

- ●ＯＥＣＤが提唱するキー・コンピテンシーの育成に関する取組
- ●論理的思考力や表現力，探究心等を備えた人間育成を目指す国際バカロレアのカリキュラム
- ●ユネスコが提唱する持続可能な開発のための教育（ＥＳＤ）などの取組
- ●東日本大震災における困難を克服する中で出てきた日本の未来を考えていこうとする新しい教育の取組

これらの動きに共通するのが「必要な資質・能力」を特定し，それを身につけることを目標にした教育の在り方である。従来の教育が「何を教えるか」という点に焦点が絞られていたのに対して，新しい世界的な教育の流れは「必要な資質・能力」を身につけるために「どのように学ぶか」を考え始めたということである。

この方向性を指し示したのがアクティブ・ラーニングという用語である。

2 アクティブ・ラーニングの意義

資質・能力の育成を目指したアクティブ・ラーニングはなぜ大事なのか。

それは資質・能力の育成を必須とする社会の構造変化が起こっているからである。そのキーワードを１つだけ挙げると「知識基盤社会」だろう。2005年の中央教育審議会答申の中に登場して，大きく注目を集めた言葉である。この言葉の土台にあると言われるのがピーター・ドラッカー，ダニエル・ベルなどの「知識社会」の考えだ。20世紀中葉，アメリカに登場した社会を名指すのに用いられた言葉である。

この知識基盤社会の資料をあれこれ探してみても，なかなか「なぜアクティブ・ラーニングが大事か？」につながる文章に突き当たらない。しかしドラッカーの『ポスト資本主義社会――21世紀の組織と人間はどう変わるか』『ネクスト・ソサエティ――歴史が見たことのない未来がはじまる』を読むと，なぜいまアクティブ・ラーニングが必要になってきたかということが納得のいくような形で議論されている。

たとえば社会構造の変化についてドラッカーは次のことを指摘する。

「日本では，いまなお労働力人口の４分の１が製造業で働いている。この国が競争力を維持していくためには，2010年までにこれが８分の１ないしは10分の１になっていなければならない。すでにアメリカでは，1960年代に35％だったものが2000年には14％になっている。しかもアメリカは，この40年の間に，生産量のほうは３倍に伸ばしているのである」（『ネクスト・ソサエティ』）ドラッカーが何を言っているかというと，製造業労働者に変わって，知識労働者が増大するのが，新しい社会だということ。学びもそこに焦点化されるべきだということである。

さらに，ドラッカーは「学校の責任」について次のように言う。

「これまでの『基礎教育』とは，かけ算やアメリカの歴史など，教科内容に関する知識を意味していた。／しかし知識社会では，方法論に関わる知識が必要となる。これまで学校では教えようとさえしなかったものが必要になる。知識社会においては，学習の方法を学んでおかなくてはならない。／知識社会においては，教科内容よりも，学習継

続の能力や意欲のほうが，重要であるかもしれない。ポスト資本主義社会では，生涯学習は欠かせない。したがって，学習の規律が不可欠である」（『ポスト資本主義社会』）。社会が変わると，学校に求められるものも大きく変わるのである。

ちなみにドラッカー自身が指摘をしている訳ではないが，「これまで学校では教えようとさえしなかったもの」「規律」の重要なものの1つに「協同的な学び」があると考えてよいだろう。つまり従来の社会では一部の優秀な人たちが考えることを担当し，他はその考えをもとにものづくりをしていた。しかしネクスト・ソサエティでは，普通の人がアイデアを出し合い，新商品を作っていく社会になるからである。

学習指導要領の変化の背後には社会の大きな変化がある。学習指導要領が指し示す教育内容，方法のドラスティックな大変化を自分に腑に落ちる形で理解するためには，たとえば，ドラッカーであったりベルであったり，その他の社会変化について言及をしているような著作に直接挑戦する必要がある。そういう読書は一見すると，教育現場とは直接つながっていないようにみえて，実はダイレクトにつながっている。

たとえば，貧困のような問題について。現在，子どもの貧困，女性の貧困が話題になっているが，日本だけの問題ではない。フランスの経済学者トマ・ピケティ氏が記した『21世紀の資本』はアメリカなどにおいて上位1%の富裕層に富が集中する格差の構造を炙り出して大きな話題になっている。日本で問題視される格差問題とは，貧困という言葉に近づけて言うと，「大衆層の貧困化」と言えるだろう。どうすれば貧困社会を回避できるのか。教育現場もまた相応の責任を担っているのである。

● いま，なぜ「アクティブ・ラーニング」なのか

アクティブ・ラーニングの特徴とは

アクティブ・ラーニングと従来型授業を比べてみる。比較することでアクティブ・ラーニング≒ワークショップ型授業の特徴が指摘できるだろう。

新しい授業づくりの特徴は粗く言って次の3つである。

①「活動＝アクティヴィティ」が自由度を生む
②「ふり返り」で学びを外化する
③「アクティヴィティ」は調整をする

1 「活動＝アクティヴィティ」が自由度を生む

アクティブ・ラーニングは，資質・能力の育成のために活動＝アクティヴィティに焦点化した授業だということである。講義のように教師の話を黙って座って聴く授業とは異なる。もちろん講義でもよく工夫されたものならば，資質・能力を育成する学びが可

能である。しかし多くは失敗している。まず授業づくりに当たって活動＝アクティヴィティを考える。アクティヴィティが学習者の心に火をつけるからだ。

たとえば，「ランキング」というアクティヴィティがある。「信長，秀吉，家康の三人の武将で一番偉いのは誰か？」。こういう選択肢付きの課題について，偉いなと思う順にカードを並べる。その過程で，参加者同士意見を交換したり，個人でやってみた後で，他の参加者と比べながら議論する。そうすることで考えを深める。

たとえば，講義技法に「設疑法」と呼ばれるレトリックがある。聞き手に対して，話の冒頭で疑問を投げかけてみせる。「信長，秀吉，家康という武将で一番偉いのは誰でしょう」。形式上疑問を口にはするが，実際には問いかけをされた側（聞き手）に「そう思う」という同意をねらって話をする。

この「設疑法」の疑問形は，修辞として投げかけたにすぎない。問いかけた人が，疑問の答えを知らないわけではない。疑問に対する答えはすでに前もって用意されている。しかし聞き手は質問に対して自分で判断して答えたと考える。形式の上では疑問に対する答えは聞き手がすることになる。質問をされた人は「あらかじめ用意されている」正しい答えを導き出すことになる。

アクティブ・ラーニングでも，似たような認知プロセスが発生する。しかしアクティヴィティのそれは考える振れ幅が大きい。常に唯一の正しい答えにたどりつくという訳ではない。その代わりに自由度の高い学びが生まれる。

2 「ふり返り」で学びを外化する

アクティブ・ラーニングは「活動」で生まれた認知の変化を「ふり返り」によって外化する。つまり発表や図形，文章などを通じて自分の頭の中にある考えを外に出す。頭の中の考えを外に出すことで理解の不十分さがわかって正確さを補うことになる。またその知識についての新しいつながりを発見することも起こってくる。ここが教師が最後に「まとめ」をする授業とは根本的に異なる。

たとえば「設疑法」の授業を次のように進めるとする。

「信長，秀吉，家康という武将で一番偉いのは誰でしょう」（と問う）

「信長の偉さは何でしょう」（説明する）

「秀吉の偉さは何でしょう」（説明する）

「家康の偉さは何でしょう」（説明する）

「では偉さを決める基準には何があるでしょう」（説明する）

「この基準で考えると３人の武将で一番偉いのは誰でしょう」（説明する）

こうすることで聞き手に道筋を辿らせつつ正解に導いていく。こうした講義のところどころに学習者のディスカッションを入れていくと発問型の授業になる。つまり講義も発問型授業も，問題解決の筋道を学習者の試行錯誤に任せずに教師が必ず手引きする。手引きによって正解に導く。授業の終末にあるのは「まとめ」と呼ばれる教師による学習内容の要約である。「ふり返り」をするアクティブ・ラーニングとは構造が違っている。この終末にまとめをする授業は唯一の答えの導き方を理解させ，その答えを覚えさせるにはメリットがある。しかしそれ以外の多様な解を考えつく学習者を排除するというデメリットを発生させる。「知識社会」以前の工業社会ではそうした学習だけでもよかったが，知識社会・知識基盤社会ではデメリットが大きくなる。

これに対してアクティブ・ラーニングは学習者に試行錯誤（間違いも含めた自由度の高い思考）をさせる点に特徴がある。たとえば，「思考力」「表現力」「コミュニケーション力」には唯一の正しい答えと導き方がある訳ではない。答えは多様にあって，その多様な答えに向かって試行錯誤をすることで学びが深まっていく。教師に問題を小分けしてもらったり，順序立ててもらったりせず自分で自分なりの解決を試みる。アクティブ・ラーニングはこのような試行錯誤をさせるところに妙味がある。

しかしその試行錯誤はそのままにしておくと学びにつながらない（ことが多い)。そこで「ふり返り」による外化をする。外化することで自分の学びを「見える化」する。この見える化によって「活動＝アクティヴィティ」によって誘発された学びの中身が学びの舞台に乗ってくる。その学びは問題の核心からズレてしまっていないか。問題の核心に近づいているのか。結果として浅い学びになっていないか。深い学びになっているか。こうした学びの状況が教師やクラスメートとのやりとりによって，メタ認知されていく。「ふり返り」を通して「思考力」「表現力」「コミュニケーション力」を身につけていく。さらに「問題解決力」「自己省察力」などの汎用性の高い資質・能力なども身につけていくことになる。(「ふり返り」は活動の後に起こるだけでなく，活動の途中にも起こる。教師は2つの「ふり返り」を意識して授業をする。)

3 「アクティヴィティ」は調整をする

アクティブ・ラーニングの特徴を考える時に，教材配列のことを同時に考える必要がある。なぜか。講義式や発問型の場合は暗黙のうちに積み上げ型が想定されている。教育内容の全体を小分けし，順序づけをし，1単位時間の授業の大きさにし，授業を組み立てる。これが講義式や発問型の授業づくりの発想の背景になっている。

これに対して，アクティブ・ラーニングの場合は（強いて言えば）スパイラル型の教材配列が授業づくりの背景にある。積み上げ型＝累進型教材配列は「1回の授業で1回分の内容を伝え切る」というふうに考える。他方，スパイラル型＝螺旋型教材配列は，似た内容の活動を「変化を伴ってくり返す」ようにせり上げていく。そのようなせり上げのために，教師は「活動＝アクティヴィティ」における学習者の様子をよく観察したり，ふり返りにおける外化の様子をチェックする。チェックをもとに次の「活動＝アクティヴィティ」を修正する。積み上げ型＝累進型のように全体を部分に小分けして計画を立てるのではなく，全体の取りかかりとなる活動＝アクティヴィティをやってみたら，その様子を観察しながら，少しずつ核心へ，深みへ学習者の学びを導いていく。そういう学習が起こるように活動＝アクティヴィティを目の前の学習者にとって，よりよい方向に進む可能性が高くなるよう調整していくのである。

アクティブ・ラーニングの議論では，1時間を単位としたものが多くなるために，こうした教師による授業と授業の間の調整側面がどうしても見落とされがちである。しかし「活動＝アクティヴィティ」を中心とした授業が枠組を設定して，その枠組の中で学習者が自由に学ぶ（＝能動的に学ぶ）というスタイルであることを考えると，講義式，発問型の授業が暗黙のうちに想定しているような積み上げ型＝累進型配列による授業づくりを考えることが難しいことは容易に想像がつくのである。

アクティブ・ラーニングの特徴は３つ。１つは「活動＝アクティビティ」（とそれに準ずる活動枠組）を活用すること。２つは活動の中で誘発された学びを「ふり返り」によって外化すること。３つは学びを深く，核心部分に導くために「活動＝アクティビティ」を少しずつ調整しながら学びの履歴を作っていくということである。

●いま，なぜ「アクティブ・ラーニング」なのか

アクティブ・ラーニングの３つの効果

アクティブ・ラーニング導入の背景には，前述したようにグローバル化による社会的な変化に対応した「資質・能力の育成」問題がある。そのためにどのような指導方法が必要かという世界レベルの授業づくりの変化がある。この契機からするとアクティブ・ラーニングの効果は「資質･能力の育成」である，という１点でよさそうである。しかし，その指導法を精査してみると，効果は実はその１点に収まらない。「資質・能力の育成」を含めて，アクティブ・ラーニングの学習効果をあらためて考える。

1 相互の学び合いを通した資質・能力の育成ができる

ある課題について表現力の育成をしようとする場合，２つの方法がある。

たとえば自己紹介の授業である。教師は自己紹介をするのに必要な下原稿づくりを教えて，実際に話をさせてみる。下原稿に必要な要素は「挨拶」「名前の紹介」「強み・好みなどの紹介」「決意表明」であると教える。話す時には，聞き手の方を見て，少しゆっくり話をする。効果的に間を使うとよいなどとアドバイスをする。準備と練習の時間をとって，実際にスピーチがうまくできているかどうかを個別に評価する。つまりフィードバックする。これが従来型の授業だろう。

アクティブ・ラーニングではどうするか。最低限，どんな内容を言えば自己紹介になるか。スピーチをする手順として「名前」「好き・得意」「挨拶」ぐらいは教える。その上でグループに分かれて実際に自己紹介活動をする。グループの中でそれぞれのスピーチの良い点を評価し合う。評価をし合うことで自己紹介のコツをつかんでいく。グループの中でうまくできた学習者を全体発表させるなどしてもよい。こうした活動が終了したら，その活動の学びをふり返って，短い学びのコメントを書き合う。

前者の授業設計は「自己紹介の仕方」に関する知識を伝えようとしている。活動もさ

せているが，活動は厳選した知識が学習者の頭に入っているか否かのチェックである。教える内容に焦点化されていて，学習者の資質・能力は背景化されている。知識の源泉はあくまでも教師から提供される正しいスピーチの知識である。

後者のアクティブ・ラーニングの授業設計では，自己紹介を実際に活動させてみる。必要最小限の足場かけはするが，できるだけ教えない。活動の中で自分と自分以外の学習者の活動の様子を観察したり，観察をめぐるおしゃべりをしたりしながら，徐々に学んでいく。活動を中心とした学びによって，資質・能力の育成が行われる。相互の学び合いから知識が生成されて，資質・能力が磨かれていく。

2 腑に落ちる学びをつくりだす

従来の設計では教師が「正解」を教え，それをやらせて，フィードバックをかける。たとえば自己紹介スピーチをそのように授業設計した場合，「やらされている感」のある学習になりがちである。なぜか。このスタイルの授業では，自己紹介のように紹介すべき内容･方法が，それぞれの学習者によって多様であってよいものでも1つの型（正解）の中におさまることを求めがちになるからである。

学習者にとって，この学びは，あくまで教師が教えた「正解（唯一の答え）」を，再生･再認することがゴールとして要求されることになる。よほど特殊な場合でないと，自分なりに工夫した学びは起こらない。うっかり自分なりに工夫した方法をとると，「なぜ勝手にやり方を変えたのか？」という教師による駄目出しが入ることもある。

これに対して，アクティブ・ラーニングの授業では，最初に最小限の足場が示されはする。しかしその後の活動では正解が多様に発見される構造になっている。正解は，自分がつくりだす場合もあるだろうし，誰か同じグループ，あるいは，代表メンバーによるパフォーマンスの中から学び取られる場合もある。それは教師が示したものとは異なっている。つまり「やらされている感」の小さくなる学習になっている。

これが活動を中心とした授業の効果として大きい。学習者たちは「自然に」学べた，「やらされている感」がない，「楽しい」学びである，というような語り方で，この，「腑に落ちる学び」について言及する。ただし，教師が教える学びだけを学びであると信じ込んでいる学習者の場合，この学びに気づかないことも少なくない。（こうした場合は，学びは学習者相互でも起こることを十分に説明をする必要がある。）

多くの学習者がアクティブ・ラーニングによる学びの成果に気づくためには相互のふり返りの文をプリントなどで示して，自分が気がつかないメタ認知が存在すること，自分は無意識にしていた問題解決を意識的にやっている学習者がいることを知らせる授業設計にする必要がある。そしてそうしたメタ認知や問題解決力に関する気づきを，実際の活動の中で体験させていくスパイラル型の教材配列をすることが必要になる。そうした授業設計によって学習者の中に腑に落ちる学びが生まれてくる。

3 長い記憶に残る学びになる

アクティブ・ラーニングの学びは記憶に残る学びになる（ことが多い）。

大学生などに，小学校から高校までの授業で記憶に残っている授業を再生してもらう簡単な記述式アンケートをすると，上位に出てくるのは，必ず活動中心の授業である。

しかも，その記憶はかなり細部まで覚えているエピソードの記憶になっている。

学びが長い記憶に残ることで，その学びの記憶は繰り返し活用される可能性が高くなる。つまり参照源として活用される。つまり授業の時だけでない学びになる。なぜアクティブ・ラーニングの学びが長く記憶に残ることになるのか。教師が「正解」を教える授業とアクティブ・ラーニングの授業はどこが違っているのだろうか。

教師が「正解」を教えて，それを実演・点検するような授業は，「唯一の正解」を巡る情報のやりとりに終始しがちである。予想外の答えが出た場合もイレギュラーな学習行動として処理され（注意され），教師の説明した言葉だけが貧しく残る。

これに対して，アクティブ・ラーニングの学びでは，たくさんのエピソードが誕生する。授業の中で「多様な正解」が生み出されるからである。授業の中で生まれた「多様な正解」には必ず学習者の生成したエピソードが張り付いている。その張り付いているエピソードが，アクティブ・ラーニングの学びを忘れがたくするのである。

これは心理学でいう「エピソード記憶」に相当する。エピソード記憶は個人的で，感情的な経験の記憶のことをいい，いわゆる「意味記憶」と対をなしている。意味記憶は一言でいえば知識の記憶である。「覚えようと意識して覚える知識」で，体験ではなく勉強（繰り返し）によって得られる記憶である。抽象的な記憶である。いわゆる勉強のできる子は意味記憶に優れた子と言える。これに対してエピソード記憶は特に覚えておこうと意識しなくても，自然に覚えているのが特徴である。たった一回の記憶が細かな点まで焼き付くように記憶に残る。長く残るのも特徴である。

このエピソード記憶と意味記憶は，基本的に別の記憶システムである。しかし接点がまったくないわけではない。たとえば実験や工作では実際に体験するので，その時の映像や感情が脳に深く刻まれる。意味記憶＝知識とエピソード記憶＝体験の融合による相乗効果が生まれる。エピソード記憶と意味記憶という観点からすると，アクティブ・ラーニングはエピソード記憶が活性化される可能性が高い。そのため長く記憶に残る学びになるのである。

●いま，なぜ「アクティブ・ラーニング」なのか

従来の授業をどう変えるとよいか

教師の仕事の特徴として「ブリコラージュ（Bricolage）」ということが指摘されている。ブリコラージュは「寄せ集めて自分で作る」「ものを自分で修繕する」などをいう。「器用仕事」というふうに訳されることもある。教師の仕事を「器用仕事」などというと，

まるで悪口を言っているかのようであるが，必ずしもそうではない。

教師は自分の信念・アイデンティティに基づき仕事をする。その仕事をするために，その教師が必要だと信じる道具（教育の考え，教材・教具，指導法）を手元にある材料で作り上げ，使う。このことをフランスの社会理論家であるド・セルトーはエリート文化の「戦略」に対して，民衆の日常的な「戦術」と捉えた。そこにあるのがブリコラージュ概念である。自分の信念・アイデンティティを第一に考え，それに基づいて道具を選ぶとすると，道具の選び方はブリコラージュ的になるということだろう。

アクティブ・ラーニングと自分の持つ信念をどのように摺り合わせるか。その摺り合わせ作業の先に，教育的な可能性も見えてくる。

1 授業の断片に活用する

アクティブ・ラーニングは「教授・学習法の総称」のことを言う。

自分が信念に基づいて作ってきた授業スタイルをあまり変えたくないと考える教師はアクティブ・ラーニングを学習法の1つと捉え，授業断片として活用するのがよいだろう。まず自分の授業スタイルの授業断片にこのアクティブ・ラーニングの学びをパッチワーク的に使ってみる。その上で，授業の中の学習者の変化をよくよく観察し，その効果を吟味する。気に入るかも知れないし，納得しないかも知れない。その際，役立つのがわたしたちがミニネタとして発掘・開発してきた以下の教材である。

・『教室のふんい気を変えるミニネタ活用の授業づくり』（2007）
・『やる気と集中力を持続させる授業ミニネタ & コツ 101』（2006，国語・社会科・算数・理科の各編がある）
・『超簡単 IT 活用の授業ミニネタ & コツ―子どもがノッテくる』（2005）
・『授業導入ミニゲーム集―はじめの5分が決め手』（2000）

これらはどれもアクティブ・ラーニングに活用できるミニ教材集である。

わたしがこのミニネタの発掘・開発の共同研究をさせてもらっていたのがいまから10年ほど前である。これらの本に触発される形で多くのミニネタ本が教育書市場に出回るようになったのは嬉しいことである。わたしの関わったもの以外でも中学校用の国語と英語の「ミニネタ&コツ」本が作られている。またコミュニケーションの育成に限定した「ミニネタ&コツ」本もある。同様の教材集は今や少なくない。

未だ小中学校現場の授業づくりでは発問型授業が主流である。そうしたスタイルの授業にアクティブ・ラーニングの考え方を入れていくには，まずはこうしたミニネタを授業断片として活用するのがよいかもしれない。こうしたミニネタは15～20分ほどの授業断片を構成するのに適切な長さである。

2 1時間の授業で活用する

従来型の授業スタイルを変えるには先の授業の3類型が参考になる。

●説明中心の授業 ･･･ 授業の骨格として説明を使った授業
●発問中心の授業 ･･･ 授業の骨格として発問を使った授業

●活動中心の授業 … 授業の骨格として活動を使った授業

この3つの授業類型は，何を授業設計の中心にするかによって分類されている。

大学授業における「一方向的な講義形式の教育」は，3類型の「説明中心の授業」に当たる。授業設計では「何を伝えるか」を決定すると，あとはわかりやすい説明を心がけるだけである。現在ではプレゼンテーションソフトを使った説明が主流になってきている。説明中心の授業では図解や写真などを上手に使った授業も少なくない。現場の授業づくりでもこうしたタイプの説明中心の授業が増えてきている。意味記憶を必要とするような授業ではこのタイプもよいだろう。理科や算数・数学のような概念を求める授業にはメリットのあるスタイルである。ただしすべての授業を説明スタイルでやろうとすると，いま必要になってきている「資質・能力」は十分に育たないことになる。

次の「発問中心の授業」は小中学校の現場の主流である。授業設計を考える時に，教科内容を発問の形に小分けし，順序づけし，正解に導く工夫をする。授業の要所・要所で学習者たちによるディスカッションが行われるので，見た目にはアクティブ・ラーニングと違いはないようにも見える。しかし厳密に言うと，グループ・ディスカッションではなく，クラス・ディスカッションであることが多い。もちろんクラスでもアクティブ・ラーニングは可能である。しかし40人学級でクラス・ディスカッションを実施すると，大半のクラスでは，数名の発言者と大多数のそれを聴く人という構図になる。アクティブ・ラーニングの可能性は小さくなる。

発問中心の授業で自分の授業スタイルを創ってきた教師がそのスタイルをアクティブ・ラーニングの学びに変えるのは，けっこう難しいかもしれない。学校現場の中には発問中心の授業がオーソドックスであるとする考え方がまだ普通に存在しているからである。そうした中で発問中心を活動中心に変えて行くには，発問中心でいくほうがうまくいく授業と活動中心にしたらうまくいきそうな授業を分けて考えてみるという発想がよいだろう。アクティブ・ラーニングとそうでないものを使い分けるのである。

3 単元レベルで活用する

本格的なアクティブ・ラーニングの学びには単元レベルでの設計が重要になる。

前述したようにアクティブ・ラーニングを本格始動させようとすると，学習者の様子を観察しつつ，活動＝アクティヴィティを少しずつ修正しながら授業をくり返すことが必要になってくる。1時間だけでは「資質・能力の育成」は難しいからである。

教材配列には次の2つの考え方がある。

●累進型教材配列 …「易」から「難」に徐々に積み上げていく

●螺旋型教材配列 … 学習者の「納得感」を少しずつ広げていく

前述のとおり，講義式・発問型授業の背景には累進型の教材配列の発想がある。

これに対してアクティブ・ラーニング≒ワークショップ型授業では螺旋型を土台に，学習者たちの「納得感」に焦点を当てる。まず最初のアクティヴィティで学習者たちの中に「納得感」がどのように広がっているか。よく見，よく聴く。そうすることで学習者の中の「納得感」の広がりを把握することができる。アクティブ・ラーニング≒ワークショップ型授業では，その見聞で見つけ出した不足部分を補うように修正した活動＝アクティヴィティを再投入する。この「観察・吟味・再投入」をくり返す。

単元といっても事前に活動が列挙されて，それを積み上げるように実施することで何かが理解できるようになるというわけではない。そもそも「思考力」「表現力」「コミュニケーション力」などの資質・能力は，積み上げ型で履修をすればそれで身につくというものではない。まして「問題解決力」「自己省察力」は少しずつ学習者に「納得感」（＝腑に落ちる感覚）が広がっていって身につくものと考えられる。

単元レベルではこうした教師を起点とした省察的実践が不可欠になる。

第2章

アクティブ・ラーニングの作り方・進め方

- アクティブ・ラーニングの基本要素とワークショップ型授業
- カリキュラムをデザインする
- ワークショップ型授業―学びのしかけ論と授業の基本形―
- 「アクティヴィティのプール」の活用
- 「協同学習の技法」による下支え
- 教師の心構えと指導技術―ファシリテーション―
- アクティブ・ラーニングの学習評価

●アクティブ・ラーニングの作り方・進め方

アクティブ・ラーニングの基本要素とワークショップ型授業

あらためて本書の立場を明確にしたい。本書は文部科学省が推進を考えるアクティブ・ラーニングについて，わたしとわたしの研究仲間たちがこれまで開発研究してきた「ワークショップ型授業」をその代表格の１つとして導入を考える。その際，大学研究者たちが行っているアクティブ・ラーニングのための議論も参照する。

その際，政策的定義，学術的定義，実践的定義の３つをすこし意識的に使い分ける。なぜ３つを使い分けるかというと，それぞれの定義が前提としている，働きかけようとする対象・目的が違うと考えるからである。３つの違いは以下の通りである。

1 政策的定義の背景と意義

文部科学省の用語集による定義では講義（説明中心の授業）ではない授業づくりの方向性が強く打ち出されている。文部科学省はなぜ講義（だけ）による授業を超えようとするのか。それは「知識基盤社会」という言葉に端的に現れている社会の大きな変化にある。世の中の社会構造がものづくり中心の社会から知識活用を中心とした社会に変化したと捉えるからである。先に引用したドラッカーの議論は，この社会構造の変化を製造業に従事する人が大幅に減少し，知識労働者の数が大幅に増加しているというデータで端的に示した。構造変化はグローバル化・インターネット社会化などの関数として起こってきているが，日本はこの新しい社会モデルに対応した教育方法のシフトが他の先進国に比べて立ち遅れているという事情がある。

ちなみにこの政策的定義の方向性として興味深いのは，それが「まず大学・高校」，「次に小中学校」という順序になっているということである。なぜこの順番になっているのか。それは問題の火元と言ってよい震源が大学・高校に近い場所にあるからである。これまでの学力づくりの焦点は大学入試にあった。これまでは大学入試時点でどのような知識が再生・再認できるか，受験生の脳内に存在すべきかということを中心に，すべてが組み立てられていた。教科書に書かれた知識がペーパーテストにより正確に再生・再認できることが高校・中学・小学校で求められることの大半だったと言える。

もちろん従来型教育もそれがすべてではなく，子どもたちの将来の幸せを勘案した教育も行われていた。しかし教育行政的方向性からすると，漠然とした子どもたちの将来の幸せよりも大学入試時点の「知識」に焦点が当たっていた。その証拠に過去の学習指導要領では「何を学ぶか」ということを中心にした記述が延々と行われてきた。ところが，次期学習指導要領では「何ができるようになるか」を重視しようとしている。知識中心ではなく，スキル，更には態度をも含んだ（人間の）全体的な資質・能力の育成ということが言われるようになっている。そうなってくると従来の「一斉授業」「説明中心の授業」<だけ>では足りないということであろう。そのためのアクティブ・ラーニングへのシフトである。

たとえば，高校の先生が，授業をアクティブ・ラーニングの方向性に変えたら入試学力が上がるのかという議論をしているそうである。これは政策的定義の指し示している方向性からすると，まったく的外れである。政策的定義の指し示している方向性は，従来の入試で試される学力<だけ>ではない学力が必要ということである。政策的定義はこの点がクリアーされるのであれば，およそどのような授業でもよいという方向性の定義をしていると言ってよい。

2 学術的定義の背景と意義

アクティブ・ラーニングの学術的定義ではその学びを優れたものにする要素（条件）として「関与」「外化」という<概念>の重要性が指摘されている。アクティブ・ラーニング先進国の実践・研究を参照しつつ日本の研究論点も少しずつ深まってきている。いま現在，研究論点として特に議論が盛んであるのが「アクティブ・ラーニングにおける関与はどのようなものであるか」という点である。

教育方法の変化は社会構造の変化に伴って起こる。新しい社会構造に対応した教育方法の開発研究として起こってくる。たとえば，アクティブ・ラーニングの議論で中心的なアクターとして登場する協同学習について。この協同学習の技法がアメリカで最も盛んに開発されたのは1980年代後半である。移民・貧困・発達障がいなどが社会問題化したのに対応して，一斉学習，説明中心の授業の見直しが起こった。

興味深いのは彼の国アメリカでどのような開発研究が行われたかである。そこでの研究者の役割は日本のそれとは異なり，理論を作ることと同時に技法の開発を進めることだった。財団などから得た補助金を元に担当教授の作った理論枠に従って優秀な大学院生が協同学習の技法を次々に試作していったという。それを現場教師が実際に授業で試してみてデータをとる。その理論と実践の往還から出てきたのが協同学習の「技法」（授業に活用できる「フレーム」）である。約200以上あるという。

このように学術的定義の強みは試行的な実践を行っていく際の「ふり返り課題」を示唆してくれる点である。この強みは大きい。政策的定義は，講義式授業を脱出して，学習者がただ説明を聞くだけではない授業づくりを試行するように促す。ではそうした試みをしたアクティブ・ラーニングを目指した授業は果たしてよい学びになっているかどうか。学術的定義にはその吟味をする際の手掛かりがある。確かに優れた実践家は，ある種の直感でこのふり返りを行う。しかしすべての教師がそれをできるわけではない。

試行的実践に取り組んだ後，さらにその実践精度をせり上げるには学術的定義（特に基本要素になっている「関与」「外化」という概念）が役に立つ。その試行的実践は，学習者を学びのプロセスに関与させているか。またその関与の中で起こった学びの成果を外化させているか。学術的定義からはこうした「ふり返り課題」を手に入れることができる。その際，関与・外化とはどういうことかを知るには，その概念に触れている論文を参照すると理解を深められる。

3 実践的定義の背景と意義

アクティブ・ラーニングの代表格の1つとしてのワークショップ型授業の定義の核心は,「授業の中心に活動がある」「『ふり返り』をする」という2点である。このたった2文の実践的定義があることによって，アクティブ・ラーニングに取り組もうとする教師はその実践を始めることができる。この定義でアクティブ・ラーニングのすべての可能性を網羅できるわけではないが，それなりの形態がつくりだせる。この「それなりの形態がつくりだせる」という点が，実践的定義の強みである。現場の実践家は，自分に入手可能な材料でそれを手作りする。そこが出発点になるからである。

授業をしようとした場合，これまでであれば教科書という最大の手掛かりがあった。教科書の該当ページを開き，そこに書かれた文字や図表を教材にして，その目標をクリアーすべく「説明」「発問」を考えることができた。しかし，アクティブ・ラーニングをするためには,教科書だけではダメである。目標に近づくためには「活動＝アクティヴィティ」を探し出し，修正し，それを学習者に体験させ，振り返らせる。

実践家がやるべきことは，こうした「活動＝アクティヴィティ」を探し出すことと修正を加えることである。たとえば,「バズ・セッション」という学習法がある。ブレーン・ストーミングの一種である。アメリカのJ・フィリップスにより創案された。全体を6人ぐらいずつの小さなグループに分けて，それぞれのグループごとワイワイガヤガヤと自由なおしゃべりをする。その結論を全体に持ち寄って話をする。少人数のざっくばらんな話し合いを採用することで創造的なアイデアが出やすくなる。

たとえば,「テレビの人気MCから学べる司会術は？」のような共通テーマを立て，グループごとにおしゃべりをする。「素朴な疑問をきく（笑福亭鶴瓶)」「台本（カンペ）を見ない（所ジョージ)」「いつもニコニコしている（中居正広)」「少しキツイことも笑顔で言う（田村淳)」のような意見が出てくる。こうした意見が小学校高学年から中学生ならある程度出てくるだろう。事前にテレビの人気MCの司会術を見てくるという宿題を出しておくと，さらに深い司会術に関する気づきも出てくるだろう。

話し合い技法にはバズ・セッション以外にジグソー学習，パネルディスカッション，ディベート,ホワイトボード・ミーティングのようなものがある。こうした技法＝アクティヴィティをまずは探し出して，そこに学習内容を入れていく。従来の授業では，最初に話し合うべき内容が決まり，その内容が筋書き通りに話し合われる授業の流れが工夫された。しかし，この手順では，どうしても一斉の討論授業になって，数名の学習者だけが発言して，大半の学習者はそれを見守るだけになりがちだった。伝達すべき内容を全体討論の形で伝達しようとすると，そうなるということである。

しかしアクティブ・ラーニングの発想に立つと，まず活動＝アクティヴィティ（技法）選びが最初にくる。なぜかというと，知識や情報を伝えると同時に学習者のスキルを上げるということに重点が置かれているからである。従来は知識や情報の伝達を第一に考えてきたので，この点の発想を逆転させる必要がある。ただし話し合いの内容が何でもよいのではない。スキルも際立つテーマが慎重に選ばれないといけない。また内容伝達と話し合いスキルの修得がバランスよく行われていることも重要であるが，それは学習者によるふり返りの中身を吟味することによってはかることができる。

● アクティブ・ラーニングの作り方・進め方

カリキュラムをデザインする

アクティブ・ラーニングによる授業づくりを進めるに当たって，避けて通れない論文がある。安彦忠彦編『新版カリキュラム研究入門』(勁草書房)所収の佐藤学氏の「カリキュラム研究と教師研究」である。以下，その大筋を解釈を加えつつ述べていく。

常識的な（行動科学に基づいた）カリキュラム研究では「教育目標⇒教育内容の選択⇒教育経験の組織⇒教育結果の評価」と考えられてきた。しかしいまこうした常識的なカリキュラムの考えは新しいパラダイムにシフトしつつあると言う。

> 教師は，教室の外で開発されたカリキュラムや教科書やプログラムの受動的な遂行者ではない。教師は，絶えず計画を立て，カリキュラムやプログラムを修正し，授業の中で多岐にわたる複雑な選択と判断を繰り返し，自らの信念や理論に即して日々の教育活動を展開している。(p.163)

これまでは「教室の外で開発されたカリキュラム」が教師に与えられ，教師はその与えられたカリキュラムを「導管」のように教室の中に運び込むのであると考えられてきた。しかしこうした考え方に対して，1970 年代から 1980 年代半ばごろに研究上の大変化が起こった。1つが「数量的研究」から「質的研究」へ。もう1つが「トップ・ダウンの方式でカリキュラムを開発して教育の生産性と効率性を追求する」研究から「教師の実践的思考を中軸とするカリキュラム」研究へ，である。

この2つの大きな変化によってカリキュラム研究の焦点が変化する。「教室の外で開発されたカリキュラムや教科書やプログラム」の研究ではなく，教師の「絶えず計画を立て，カリキュラムやプログラムを修正し，授業の中で多岐にわたる複雑な選択と判断を繰り返し，自らの信念や理論に即して日々の教育活動」をする研究がより重要であると考えられるようになったのである。この変化は当然，講義式授業を脱し，アクティブ・ラーニングに舵を切った授業づくりを進めるについても大いに関係してくる。

教師はこれまでのように「教室の外で開発されたカリキュラム」を待って，それを学習者に伝えていればよいというふうには考えられなくなっている。実際，アクティブ・ラーニングの1つであるワークショップ型授業を実践しようとすれば，事前に計画しておいた「活動＝アクティヴィティ」を順序よく行えばすむということではなく，「活動＝

アクティヴィティ」に関わりをもった学習者がどのような学びを行っているかということを活動の最中や「ふり返り」の言葉を通して，「絶えず計画を立て，カリキュラムやプログラムを修正し，授業の中で多岐にわたる複雑な選択と判断を繰り返し，自らの信念や理論に即して日々の教育活動を展開」しなくてはならない。

> 「思慮深い教師」の「反省的実践」においては，カリキュラムは「開発」されるものではなく，「デザイン」されるものと言ったほうが適切だろう。「カリキュラムづくり」とは「学びの経験のデザイン」に他ならない。そして，「デザイン」にとってもっとも重要なのは，「状況との会話」（レヴィ＝ストロース）である。(p.175)

つまりアクティブ・ラーニングの１つであるワークショップ型授業（に限らないが）では「活動＝アクティヴィティ」と「ふり返り」のある授業をただやればよいというわけではなく，「活動＝アクティヴィティ」と「ふり返り」を通して，子どもたちの学びの様子を常に観察し，「状況との会話」を通して，「学びの経験のデザイン」をしていくのが当然になってくる。そういうカリキュラムづくりになってくる。

アクティブ・ラーニングがこれまでの自分の授業スタイルと違う上，カリキュラムについても従来の常識とは距離のある新しい発想法を身につけないとよいアクティブ・ラーニングを作っていくことはできない。しかしこうした考え方は慣れてしまえばさして難しいものではない。目の前の子どもが少しでも「深い学び」ができるように，役に立つ「スキル」が見つくように，「資質・能力の育成」ができるようにくり返しくり返しふり返りを行いながら授業を作っていくというだけの話である。

●アクティブ・ラーニングの作り方・進め方

ワークショップ型授業
―学びのしかけ論と授業の基本形―

アクティブ・ラーニングとしてのワークショップ型授業をどうつくりだしていくか。まずはワークショップ型授業のベースになる「学びのしかけ論」の考え方を説明し，つぎに「ワークショップ型授業の基本形」と２段階に分けて説明する。

1 学びのしかけ論 ―枠の中の自由―

まずアクティブ・ラーニングとしてのワークショップ型授業を考えるベースになる「学びのしかけ論」とその基本原理「枠の中の自由」について整理したい。

①**学びのしかけ論**：授業を「学びのしかけ」という観点から見る授業論。すべての授業に「学びのしかけ」があると考える。きっかけは1970～1980年代に盛んになるシステム論の考え方を背景に授業づくりにおける「学習のしかけ」（八木正一）が発見さ

れたことによる。要点は「教師の学習者意識の有無」である。別の言い方をすると，授業づくりにおける「相互作用（インタラクション）」の自覚である。

授業を「直線的因果論」で捉えると，教師は学習者の学習をいかに巧みにコントロールするかということになるが，「円環的因果論」（相互作用）で捉えると，教室内にどのような学びの環境（雰囲気）をつくりだすか，その環境の中で学習者の自由度の高い学び（自律的学び）を促していくかということに焦点が当たるようになる。

②**授業の３類型**：学びのしかけ論では授業を「説明中心（のしかけ）の授業」「発問中心（のしかけ）の授業」「活動中心（のしかけ）の授業」の３つに類型化する。

３つの類型化の指標は「学習者の自由度」と「教師のコントロール度」である。それぞれ「しかけ」にどのような特徴的工夫があるかを検討する。この作業をすることによって「活動中心の授業」であるワークショップ型授業の特徴も明瞭になる。

以下，授業の３類型から「ワークショップ型授業」の特徴を探る。

「子どもを自由に活動させて，それで指導になるならこんなラクなことはない。自由に活動させるだけでは学力など育つわけがない」

こういう批判的な議論がある。

しかし，そうした批判にもかかわらず，ワークショップ型授業は確実に広がっている。それは「自由のないところに『本当のわかる』はない」という考え方が広がってきているからだろう。

ただし，活動中心の授業は，子どもたちに「完全なる自由」を与えるわけではない点に注意する必要がある。「説明中心の授業」や「発問中心の授業」では無意識に行っている思考活動の枠づくりを逆に自覚的に行っているといってよいだろう。次の図（「学習者の指導の跡・思考の幅」）を見てほしい。

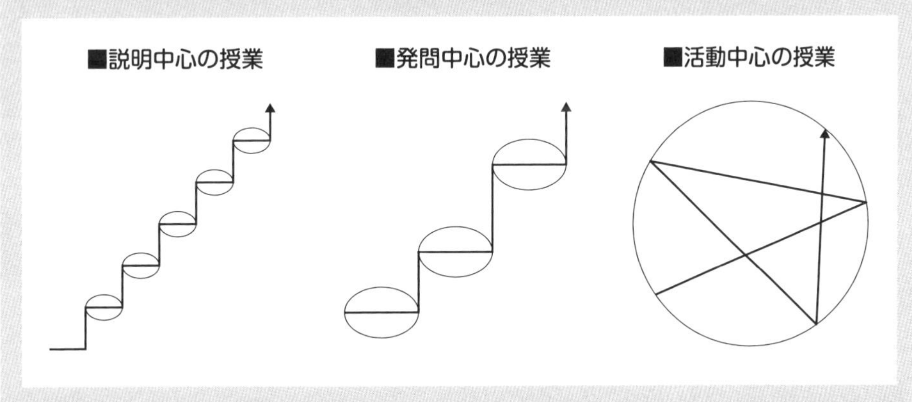

説明中心の授業や発問中心の授業では教師が話題や発問によって学習者の考えを導いていく。そのために効率よく学ぶことができるが，学習者の考える範囲（楕円）は小さくなる。これに比して活動中心の授業では，学習者は最初に大きな「円」（活動・考える範囲）を指定される。この範囲であれば，自由に試行錯誤をすることができるのである。説明中心の授業や発問中心の授業と比べると，学習内容の伝達効率は下がるが，思考の幅は広がる。腑に落ちる度合いは増す。

つまりワークショップ型授業では「枠の中の自由」という考え方をとるのである。説明を中心とする授業が「話題」の工夫を，発問中心の授業が「発問」の工夫をするように，活動中心の授業は「活動」の枠づくりを工夫する。（上條晴夫・江間史明編著『ワークショップ型授業で社会科が変わる<小学校>』（図書文化，p.10）

この「枠の中の自由」の考え方に基づいてワークショップ型授業の基本形が作られる。「枠」の目的はその「枠」（アクティヴィティ）を自覚的に準備することによって，学習者の学びの自由度を上げ，自律性を上げ，それによって彼らの腑に落ちる学びを作り出す。「活動」の「説明」も「ふり返り」もこの発想に基づいて行われる。

2 ワークショップ型授業の基本形

アクティブ・ラーニングとしてのワークショップ型授業の基本形は次の通り。

図式的ではあるが，以下の図解が授業づくりに役に立つだろう。

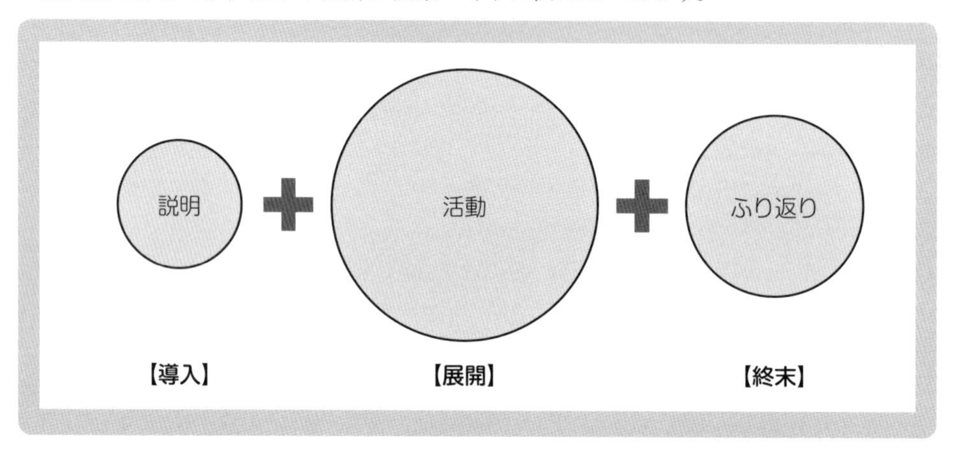

ワークショップ型授業を作っていく手順に従って考えると，まず「活動＝アクティヴィティ」，次に「ふり返り」。最後に「説明」である。この順序で説明する。

(1) 真っ先に「活動＝アクティヴィティ」を準備する

ワークショップ型授業が従来型授業と異なる点は，答えとその道筋を教師が導かず，個人で，あるいは学習者同士で協同しながら，多様な答えとその道筋を学習者自身に辿らせることを重視する点である。つまり結果よりプロセスを重視するのである。

つまり「人は体験（プロセス）から一番よく学ぶ」という考え方に立つ。だから，ただ単に教室が盛り上がる活動がそこにあればよいというわけではない。「誰かと何かをしながらあることに気づいていくプロセス」。それが生まれる活動が必要になる。言い換えると，ワークショップ型授業における「活動＝アクティヴィティ」は学習者のプロセスに関わる気づき（感情・身体含む）を引き出すためのしかけである。その学びのしかけをそのしかけの核になるもので分類すると，次の３タイプになる。

＊遊び・ゲーム的活動……ゲーム・クイズ・遊びなど

＊表現・制作的活動………作文・ロールプレイ，スピーチなど

＊対話・討論的活動………ランキング・ディベートなど

ワークショップ型授業で「活動（アクティヴィティ・技法)」を選ぶ際にもっとも留意すべき点は，いま目の前にいる学習者の「資質・能力」「スキル」「態度」などを変化・変容させるための学びのしかけを選ぼうとする観点である。学習内容とともに，その活動によって学習者の「資質・能力」「スキル」「態度」にどのような変化・変容が起きるかを考えることである。

その「活動」(アクティヴィティ）選びの基準として以下３つがある。(慣れないうちは剥き出しの活動（アクティヴィティ）を選ぼうとするのではなく，本書のような事例集になっている活動（アクティヴィティ）をもとに選ぶとよいだろう。)

基準Ⅰは，活動が学習者の興味・関心をどのくらい引き出すか。活動が学習者の興味・関心を引き出さないのであれば,学習者の学びへの関与は生まれない。アクティヴィティとそれによくマッチするような学習内容の組み合わせが最も重要になる。

基準Ⅱは，活動が学習者の相互作用をどのくらい生み出すか。活動がただ単に学習者個人の学びで終わる場合は，そこから学ぶことのできる学びの量は小さくなる。単純に活動を見せ合うというようなことを少し工夫するだけでも学びの質は変化する。この相互作用を引き出すものとして協同学習の技法が大いに役立つ。なぜなら協同学習の技法は学習者相互の関与強度を強くするために考えられた装置だからである。

基準Ⅲは，活動が学習者の集団状態にどのくらい合致するか。たとえば思春期の子どもたちが行うアクティヴィティでは手と手が少し触れ合うだけでも大きな緊張を伴うことがある。安心の活動がつくりだせないのでは，学びはフリーズを起こし深くならない。たとえば,「遊び・ゲーム」「表現・制作」「対話・討論」という並び順は言語（論理）的要素の低いものから高いものに並んでいる。逆に言うと感情的要素の引き出しやすいものからそうした感情の動きにくいものへという順序に並んでいる。活動と学習者の集団状態を考えるためには，こうした点にも配慮して活動を選ぶとよいだろう。

(2) 終末の「ふり返り（リフレクション)」をする

従来の授業では，終末にはまとめをした。なぜならば，その授業で教え導いたはずの答えとその筋道を言葉で確認させて覚えさせるためである。これに対してワークショップ型授業の終末では「ふり返り」をして，活動で得られた気づきを外化する。

このふり返りには，粗く言って次の３つの活動がある。

＊ふり返りの短文を書く
＊ペアやグループでおしゃべりをする
＊全体で感想を述べ合う

ふり返りの要点は，活動の中で直感的に気づいたことを「言語化」することである。

直感的な内容であるから「部分的」であったり「断片的」であったりする。しかし，それでもよい。あまり厳密に「言語化」する必要はない。外化されればよい。

ワークショップ型授業の理解でもっとも大切なことは，ワークショップ型授業は必ずしも１時間で完結する必要はないという考え方である。ファシリテーターとしての教師は，当然個々の授業の中で，その活動が教科内容の何を目標にした学びであるかを承知しつつ授業を展開する。そして学習者のうまくいかなさをフォローする。

しかし１回限りの「活動＋ふり返り」で個々の学習者の気づきを引き出す体験プロセスがいつでも完了するわけではない。むしろ完了しないことの方が多い。「資質・能力」「スキル」「態度」などが一朝一夕に変化・変容するとは言えないだろう。そこで「活動＋ふり返り」「（変化を伴った）活動＋ふり返り」「（さらに変化を伴った）活動＋ふり返り」ということをくり返すスパイラル型の学びが必要になる。

このスパイラルは活動からふり返り，そしてまた活動へとつながっていく。つまり，ふり返りを挟んだ活動をくり返すことによって，学習者は前の活動で学んだ気づきを次の活動の気づきで深めていく。足りなかった学び要素を次の活動で補っていく。

(3) 冒頭の「説明」で学び環境をつくる

ワークショップ型授業では「枠の中の自由」という考え方をする。教師のつくりだす安心感がベースにあるのは当然として，教師と学習者，学習者同士が相互に（擬似的な）水平の関係をつくりだすように授業冒頭で学びの環境づくりをする。

教師と学習者が「枠」（ルール）を共有することによって「教師はファシリテーター（促す人）であって教える人ではない」「参加者は学習へのタダ乗りをしない」「決まった答えがあるのでなく答えをつくりだす」などの状態をつくりだす。

その際，枠として明示すべきことは３つある。

＊トピック … 活動の内容（目的・手順・約束）
＊制限時間 … 活動をどのくらいの時間枠でするか
＊活動場所 … 活動に使える場所（レイアウト）

たとえば作文的活動の１つに鉛筆対談がある。いわゆる筆談である。この活動（アクティヴィティ）の大枠は次の通りである。

＊「２人１組で活動します」
＊「『外国にいくならどこ？』という話題で筆談します」
＊「筆談時間 10 分。その後に発表会をします」
＊「２人で１枚の紙に書きます」

従来の授業では学習の進展に応じて，その都度，教師が説明をして進行していた。しかし，ワークショップ型授業ではできる限り学習者の思考の流れを途切れさせない活動をさせるように，活動（アクティヴィティ）の全体を授業冒頭で説明する。

環境を整えるには，活動目的を明確にプレゼンテーションする。活動の枠づくりで一番難しいのは時間設定だろう。学習者のトピックを巡る学び（試行錯誤）が最大になるよう時間設定する。しかし，あまり長すぎる時間設定をすると，逆に活動がダレてくる。当然，授業時間の 45 分，50 分というような制度的な時間枠組についても配慮する必要がある。

また学習者の活動における体験の流れをできるだけ止めないようにするためには，学習者の学習上抵抗になりそうな部分については「足場」を作っておく。たとえば，先の鉛筆対談であれば，「外国に行くならどこか？」と地名を上げた後に「話すべき流れとしては，『なぜそこに行きたいか？』の理由を話します」とヒントを出す。

活動（アクティヴィティ）が学習者の関与を引き出す工夫をする。

● アクティブ・ラーニングの作り方・進め方

「アクティヴィティのプール」の活用

わたしがワークショップ型授業の発掘・開発研究を開始したのは2000年頃からである。1997年から広く知られるようになる「学級崩壊」問題が背景にあった。学校外で行われていた様々なワークショップ活動をどうすれば学校教育の中に導入することができるか。学びのしかけ論の観点からさまざまに工夫を凝らしてきた。

まずは個々の教師がやってみること。実際に活動を試してみて，活動の中の学びに吟味を加えていく中で，少しずつよいもの，新しいものができていくだろうと考えた。わたしが当時編集代表を務めていた教育雑誌『授業づくりネットワーク』（学事出版）では度々「ワークショップ型授業」特集を組み，幾つかの出版社にお願いをしてワークショップ型授業という考え・事例集・アイデアブックの教育・普及に努めた。

たとえば，以下のような雑誌特集，著作を刊行することをした。

【雑誌】『授業づくりネットワーク』（学事出版）

＊特集「アクティビィティで授業は上達する！」（2011/10）
＊特集「活動中心の授業をつくる◆ワークショップ×協同学習◆」（2011/4）
＊特集「授業に活かすワークショップ入門」（2010/5）
＊特集「ワークショップ型授業！徹底研究」（2009/8）
＊特集「追試で学ぶワークショップ型授業のすすめ」（2008/8）
＊特集「ワークショップ型授業入門」（2006/11）
＊特集「ワークショップ型話し合い授業」（2006/10）
＊特集「ワークショップ型授業のすすめ」（2003/6）
＊特集「ワークショップ型授業」（2001/11）

【書籍】

＊『ワークショップ型授業が子どものやる気を引き出す』（学事出版，2007）
＊『ワークショップ型授業で社会科が変わる』（図書文化，2005）※小中別冊
＊『ワークショップ型授業で国語が変わる』（図書文化，2004）※小中別冊
＊『授業の達人が提案！子どもの意欲を育てるワークショップ型授業 50＋プラス小ネタ26』（教育同人社，2002）※小学校１・２年，３・４年，５・６年別冊

ワークショップ型授業の普及には「アクティヴィティ」がどうしても必要と考えた。個々の教師がアクティヴィティを手作りすることはもちろん可能であるが，実際すべての教師にそれを求めることは難しい。たとえば，ある県の指導主事は次のように言った。「ワークショップ型授業の方向性は正しい。ほぼ100%の指導主事はそれを支持するだろう。文部科学省が人権教育に必要な教育方法として言っている教育方法がワークショップ型授業である。すべての指導主事がそのことを学んでいる。しかし多くの現場教師たちにはワークショップ型授業をしたくてもアクティヴィティの数が足りなくて，それを実施することが難しい」。わたしはその話を聞いて，「アクティヴィティのプール」を作ることがぜひ必要であると考えたのである。

上記の『授業づくりネットワーク』特集号では，これ以外に「ワークショップ型授業」とは銘打っていないが，「学習ゲーム」「ドラマワーク」「多文化教育」などで活用されるアクティヴィティの紹介をしている。こうしたアクティヴィティのプールが新しい授業づくりを切り拓くための大きな力になっていくと考えたからである。

同誌2011年10月の特集号で，わたしは獲得型教育研究会代表・渡部淳氏（日本大学）にインタビューしている。その中で渡部氏にも「アクティヴィティのプール」というアイデアをぶつけて考えを聞いている。これに対して，渡部氏は次のように答えている。「いま，私どもが考えているのは先生方の思いに添えるようなアクティヴィティを開発・提案していきたいということです。これがよい，こうすべきというのではなく，先生方がやっていきたいことをサポートする材料としてアクティヴィティを整えたいということです」「その上で，わたしはニーランズが言うように，教師として幾つかのアクティヴィティを持て。試せ。少しずつストックを増やしていけ。ということを言いたいです。そうしていくことが，参加・獲得型授業を身につけていくための上達論になるのかなあと思うからです」。

● アクティブ・ラーニングの作り方・進め方

「協同学習の技法」による下支え

ワークショップ型授業の授業形態の基本は「ペア・グループ」である。

ところがワークショップ型授業が徐々に広がり始める2000年代の主流と言える授業形態は「一斉指導」であった。そのため「ペア・グループ」による授業づくりに困難を感じてワークショップ型授業に二の足を踏む教師が少なくなかった。

2000年代の最初の頃からわたしはこの問題を考え続けてきた。

現場の教師たちの話を聞くと，一斉指導と違って，グループに分かれた学習形態になると，子どもたちを掌握することができなくなる。一斉指導であれば，誰が何をしているかということを把握することができるが，グループに分かれた途端，キチンと勉強しているか，遊んでいるか，把握できなくなるので不安であるという。

わたしは小学校教師をやっていた最初のころから大西忠治氏の「討議の二重方式」（大西忠治編・香生研著『班・核・討議つくり』1965）という方法を活用していたので，学習形態がグループになることにほとんど抵抗がなかった。しかしそうした経験をもたず一斉指導だけしていた教師にとっては，ただ単に学習形態をグループにするということだけでも不安で仕方がないらしかった。

1998年5月号の『授業づくりネットワーク』で「授業づくりの基礎技術10のアイテム」という特集企画を組んだ時のことである。「10のアイテム」の一つに「グループ学習」を入れたのだが，執筆依頼した現場教師にグループ学習をした経験がないということを聞いた。その教師は「教育技術の法則化」運動などで熱心に授業研究に取り組んでいた人だったので非常に驚いた。それをきっかけに「20世紀の教育技術の集大成」を目指したという「教育技術の法則化」の文献を読み直すと，「グループ学習」文献がまったくないわけではなかった。しかし極めて少なかった。理由をあれこれ探索し進めると，1980年代半ば，法則化運動の立ち上げをする際に，運動づくりの方針として「一斉」「発問」が選ばれていることがわった。

1980年代の半ば頃の授業研究の重点は「教材研究」にあった。教材研究をしてわかりやすい授業をすることが様々に工夫されていた。しかしまだまだ一般的には説明中心の授業が多かった。そこでそれを乗り越えるため「発問中心の授業」研究が選び出されて，それを中心に教育運動が展開された。「指示・発問の授業」ということが盛んに言われていたが，それはこうした研究運動における焦点化であった。

それもあって2000年代に入り，「活動中心の授業」が動き始めた時，グループ学習に関わる教育技術は一般にあまり知られていなかった。わたしも自分自身の技としてはもっていたが，それを活動中心授業と関連させて提案することはできなかった。そこに「協同学習」の技法があるらしいという話が飛び込んできた。最初にその情報に触れたのは2010年8月号の特集でインタビューした読書教育が専門の足立幸子氏（新潟大学）の論文によってだった。足立氏の論文の中，読書ワークショップが前提とする理論枠の一つに「協同学習」が当然のように並んでいた。

足立氏に直接うかがうと，ジョンソン兄弟ほか著『学習の輪－アメリカの協同学習』（二瓶社）あたりが基本テキストだろうと教えてもらった。取り寄せて読んでみると，これが非常によかった。すぐに訳者代表の杉江修治氏（中京大学）にインタビューし，杉江氏の紹介で関田一彦氏（創価大学）のインタビューをした。また関田氏の紹介でアメリカのスペンサー・ケーガン氏にインタビューさせてもらうことができた。

関田氏には無理を言って「協同学習」の連続勉強会も開いていただいた。また九州地区で「協同学習」の勉強を進めるに当たって安永悟氏（久留米大学）に講師をお願いして勉強会をすることができた。安永氏には協同学習の技法だけではなく，ＬＴＤ話し合い学習法という協同学習ベースのアクティブ・ラーニングを学ぶことができた。

杉江氏，関田氏，安永氏などが中心になって作られている日本協同教育学会の「協同学習」の教師向けワークショップにも参加し，その技法を学ぶことできた。

そのワークショップで学んだ協同教育の技法は汎用性が高かった。理論をベースにした技法開発が行われていた。実践してみると協同学習の技法がワークショップ型授業でグループワークをする際の下支えになることがわかった。ラウンド・ロビンやシンク・ペア・シェアなどの協同学習の技法が使えるようになると，ワークショップ型学習をしようとする際のグループワークで困ることがなくなった。協同学習はそれ自体でアクティブ・ラーニングの強力な技法と言えるだろうが，ワークショップ型授業とクロスするカタチでその技法を使うと，さらに効果が倍増するようである。

以下のような本の中に協同学習の技法がさまざまに紹介されている。大学向けのものが主流であるが，小中学校で十分に活用可能である。

＊『学習の輪―アメリカの協同学習入門―』（D・W・ジョンソンほか著／杉江修治ほか訳，二瓶社，1998）
＊『学生参加型の大学授業―協同学習の実践ガイド―』（D・W・ジョンソンほか著／関田一彦監訳，玉川大学出版部，2001）
＊『討論で学習を深めるには―ＬＴＤ話し合い学習法―』（J・レイボウほか著／安永悟ほか訳，ナカニシヤ出版，1996）
＊『先生のためのアイディアブック―協同学習の基本原則とテクニック―』（ジョージ・ジェイコブズ著／関田一彦監訳，ナカニシヤ出版，2005）
＊『協同学習の技法―大学教育の手引き―』（E・F・バークレイほか著／安永悟監訳，ナカニシヤ出版，2009）
＊『活動性を高める授業づくり―協同学習のすすめ―』（安永悟著，医学書院，2012）
＊『協同学習入門―基本の理解と 51 の工夫―』（杉江修治著，ナカニシヤ出版，2011）

●アクティブ・ラーニングの作り方・進め方

教師の心構えと指導技術
―ファシリテーション―

アクティブ・ラーニングとしてのワークショップ型授業を実現するには，まずは，適切なアクティヴィティを探し出し，試してみるところからスタートする必要がある。10年前と違って，今ならば様々なアクティヴィティを探すことができる。わたしが，多くの研究仲間の教師たちと発掘・開発したものも少なくないし，わたしたちの実践研究とは別に多くの研究的実践家がワークショップ型授業をつくっている。その授業の中心にあるアクティヴィティを参考にすればワークショップ型授業に踏み出せる。

渡部淳氏の言葉を引いたように（p.32），わたしも「教師として幾つかのアクティヴィティを持て。試せ。少しずつストックを増やしていけ」と言いたい。アクティヴィティを手掛かりに目の前の学習者の様子（思考の足跡）を観察し，彼らのふり返りの言葉をていねいに聞くことをくり返せば，少しずつアクティブ・ラーニングとしてのワークショップ型授業の質を高めていくことができる。学習者の「資質・能力」「思考力や表現力，探究心」「態度」などの育成をすることができるようになるはずだ。

その際，「授業実践（アクション）」の中の学習者の学びを教師が常に「省察（リフレクション）」することが重要になる。次の図がそれを表している。アクションの中で起こる学習者の試行錯誤の学びを教師は常に観察し，「アクティヴィティの中ではどのような学びが起こっているか。そのヒットポイントは何か？」を振り返ることが重要である。そして眼前のアクティヴィティの学びでは足りない点を，次のアクティヴィティでどう補うか。それを常に考えることが必要である。アクティブ・ラーニングとしてのワークショップ型授業をするには，こうした教師の心構えが必要である。

「実践（アクション）」と「省察（リフレクション）」によってアクティヴィティを中心とした授業を螺旋の学び—せり上がりのある学び—にできるのであれば，授業は学習者の深い学びを引き出すものに変わって行く。逆に，そうした省察的な実践をせず，単にアクティヴィティをくり返すだけでは学びの質は深まらないだろう。

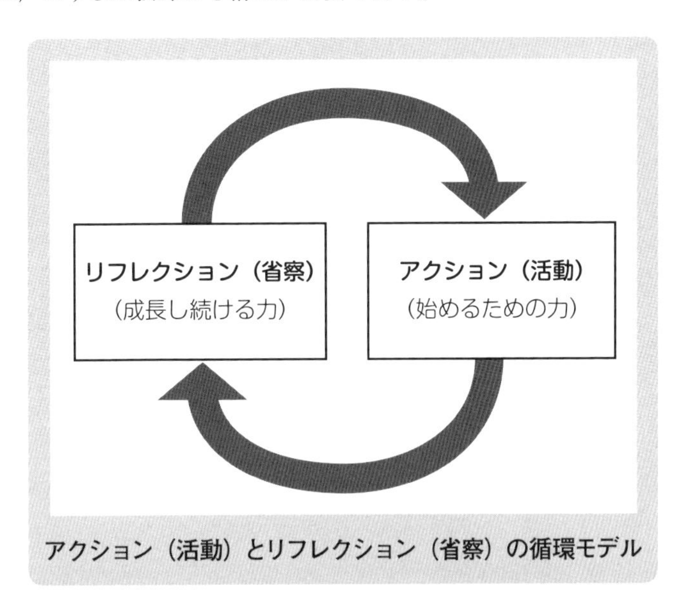

アクション（活動）とリフレクション（省察）の循環モデル

ではアクティヴィティの中で学習者が行う試行錯誤の様子を教師はどのように，リフレクションしたらよいだろうか。その際，参考になるのが，学術的定義にある「関与」と「外化」という概念（考え）である。この２つを参考にすると，実践（アクション）の中で起こっている学習者たちの学びの質がより見えやすくなる。

その際，松下佳代編『ディープ・アクティブラーニング—大学授業を深化させるために—』（勁草書房）所収の「関与の条件—大学授業への学生の関与を理解し促すということ—」というエリザベス・F・バークレーの論文（松下佳代訳）が参考になる。学術的定義における学習者の「学びの質」を見とるための目安がここにある。

「深い関与を促す３つの条件」として，次の３つが書かれている。

①課題は適度にチャレンジングであること

②コミュニティの感覚

③学生がホリスティックに学べるようにすること

３つの条件の１つ目は「アクティヴィティ」に関わること，２つ目はワークショップ型授業では通常「ファシリテーション」と呼ばれる教育技術に関わること，そして，3つ目のポイントは「授業のふり返り（外化）」に関わるポイントである。

以下，「深い関与を促す3つの条件」を実践レベルで書き直してみる。

1 アクティヴィティの難易度を調整する

教材づくりの定石は適度な難易度である。ワークショップ型授業におけるアクティヴィティもまた適度にチャレンジングであることは言うまでもないだろう。では活動についてどのように難易度調整をするか。

(1) アクティヴィティの性質への着目

1つはアクティヴィティの性質に着目するとよい。

学びのしかけ論から見たアクティヴィティを埼玉大学（当時）の八木正一氏は次のように整理している（「『学びのしかけ』論とは～八木正一氏に聞く～」『授業づくりネットワーク』2010年10月）。この整理が難易度調整を考える上で役立つ。

①**教育内容レベルのしかけ**……代表例は「仮説実験授業」です。仮説実験授業では子どもたちが自ら考えたくなるようなユニークな教材を組織し，それを問題形式で提示するなどの工夫がされています。1960年代型のしかけです。

②**教材・学習活動レベルのしかけ**……アクティヴィティの授業がそうです。国際理解教育などでよく使われる「ランキング」「部屋の四隅」「ロールプレイ」など，構成された活動を使って学習者からの学びを引き出します。1970～1980年代型です。

③**学習者レベルのしかけ**……生活科など場に着目をした授業がそうです。教師はきっかけとして「こんなことをやってみよう」と投げかけます。正解のない内容，具体的で子どもが身を乗り出すような内容を提示する，90年代型のしかけです。

アクティヴィティとしては教育内容レベルがもっともシンプルである。溝上慎一著『アクティブラーニングと教授学習パラダイム』の中に「ピアインストラクション」というハーバード大学の実践が紹介されている。その授業スタイルは仮説実験授業によく似ている。YouTube「アクティブで深い学びのための仕組み」（松下佳代）でも同じ指摘がされている。学習者が自ら考えたくなるようなユニークな教材を組織し，それを問題形式で提示する方法は仮説実験授業に馴染みのある教師であれば誰でも取り組みやすいだろう。こうした教育内容レベルの学びのしかけは教師にとっても学習者にとっても適度な「難易度」をもつ。アクティブ・ラーニングの入門編としてよい。

教材･学習活動レベルが次にシンプルである。本書，さらには過去10年の間にアクティヴィティのプールが作られている。たくさんの事例集･アイデアブックのストックがある。定番の「ランキング」「部屋の四隅」「ブラインドウォーク」「ブレーンストーミング」「ジグソー」「質問力ゲーム」「フォト・ランゲージ」「ワールド・カフェ」「ラウンド・ロビン」「特派員」もある。少し探すと見つけ出せる。

教師が新しい授業に取り組む際の考え方の1つに追試がある。先行実践を検討して真似してみる方法である。真似してみることによって，そのアクティヴィティの学びの勘所（ヒットポイント）がわかってくる。学習者の難易度はこの教師にとっての勘所理解と相関する。追試という形で教師がアクティヴィティを何度か使ってみることをくり返すうちに徐々にそのアクティヴィティは自家薬籠中のものとなる。そうなれば，難易度調整も自在にできるようになる。適度な課題をつくりだすことができる。

ちなみに，追試のできる良質のアクティヴィティを入手するには，複数の実践事例を手元において検討をすることが大事である。先に示した「ランキング」「部屋の四隅」「ブラインドウォーク」他のような定番の実践事例であれば，探そうと思えば，今や相当数を探し当てることができる。

学習者レベルのしかけがもっとも難しい。これは単元レベルで行う問題解決活動になるからである。このレベルのアクティブ・ラーニングをするには，事前に教材・学習活動レベルのワークショップ型授業をある程度やってみるのがよい。学習者レベルのしかけにも一定の活動枠は存在する。しかし相当に自由度の高い集団活動を展開することになる。教師にとっても学習者にとっても難易度は上がる。

具体的な事例を1つ。わたしが大学で行っている「ニュースキャスターゲーム」という実践である。大学講義枠で5コマ連続。10人の学生たちがチームを作ってテレビのニュース番組を模した5分間の発表学習をする。5分間の中には30秒のコマーシャルタイムも設けなくてはならない。そして最初にこうした大枠のゴールを示すと，あとは学生グループが試行錯誤しながら，発表学習へ向けて活動を展開する。

この活動は自由度が大きいだけに，活動自体の難易度も大きくなる。もちろん学生の行動を教師が手取り足取り教えてしまえば，難しいことはない。しかし，それでは「問題解決」や「自己省察」の力を育てることはできない。自由度を大きくとって，その自由度の大きさの中で「問題解決」や「自己省察」を実際に体験させる。そうすることで「問題解決力」や「自己省察力」を育てていくことができるのである。

(2) 足場づくりによる難易度調整

難易度調整の2つ目は「足場づくり」である。

説明中心の授業や発問中心の授業では，学習者の学習がうまくいかない時，教師は一旦学習の流れを止める。そして，学習内容や学習方法のについて，学習者である子どもたちに「こうすべし」と助言する。補説を加えて学習の方向を修正する。

しかし，ワークショップ型授業ではできる限り活動を止めないようにする。迂闊に学習者の活動を止めてしまうと，思考（の流れ）が途切れてしまうからである。そこでワークショップ型授業では，活動をするに当たって，学習者の抵抗になりそうなところはあらかじめ「足場」を作るという事前作業をする。たとえば「自分の好きな歴史上の人物になりきってスピーチをする」という活動の場合，話し始めで立ち往生してしまう学習者が多い。そこで「わたしは○○です。わたしが人生を振り返って一番大事だと思う場面は～の時です。それは…」という定番の語り出しを教えてしまう。それに対して，それを聞く民衆役は必ず相づちを打つというようにする。こういう「足場」を作ることで難易度が調整できて思考も深まることになる。

2 学習者が学び合えるように促す

アクティブ・ラーニング以前の授業では学習者が教師から学ぶということが前提になっている。それでワークショップ型授業を行っても教師から学ぶクセが抜けずに，学習者相互の学び合いを理解できず学びが起こらないケースがある。せっかくのワークショップ型授業なのに協同的学びが起こっていることに気づかないのである。

これは非常にもったいないことである。たとえば音読表現などでグループごとの発表会の後，グループ代表による発表会を行おうとする。ワークショップ型授業では，教師が正しい音読法を教えるのではなく，グループの中で，他の学習者の音読表現のよさを学ぶという学び方をする。どうすればよいか。グループの中で１人の学習者が発表したら，必ず他のグループメンバーの１人，２人が評価コメントを述べるという協同的な学びのしかけを作ってしまう。そうすると，自然に，グループの中の他のメンバーに対して目が向くようになる。他の学習者からも学べるようになる。

またグループ代表による音読表現についても，ボンヤリ聞かせているのでは，聞き流してしまって，せっかくの学び合いの機会が失われてしまう。グループ代表が発表をしたら，そのグループメンバーの一人ずつが「ここがよい」「ここもよかった」と応援演説のようなコメントを義務づける。こうしたちょっとした協同的な学びの工夫をすると，学びがどんどん深くなっていく。

3 ふり返りは「感情」も含めて行う

ワークショップ型授業の学びは自らの体験から直接学習者が引き出す。

従来型授業における教師の「まとめ」（理解し覚えることの内容を要約して示す）は行わない。この教師による「まとめ」をしてしまうと，せっかく学習者が活動を通して気がついた学び（思考の足跡）が押し流されてしまうからである。自分自身の気づきよりも教師の教える言葉の方を価値と捉えてしまうことになるからである。それではワークショップ型授業での学びを十全に学ぶことはできない。

そこで教師はできるだけ「まとめ」をしない。代わりに学習者個々による「ふり返り」（外化）の活動をさせる。それをさせることで各自が活動の中，試行錯誤をしながら気づいたこと・感じたこと・考えたことを意識化できる。意識化したことの整理をすることができる。それによって活動の中の学びがより確かなものになる。

ところで，この「ふり返り」であるが，一般的に認知的な側面に偏ることが多い。学習の中で気づいた認知領域に偏ってふり返りを行いがちであるが，情動／感情の面で起こった出来事についても，できる限りふり返るようにさせる。そうすることで，ふり返りがグンと深くなる。そのための方法としては，感情を伴った「ふり返り」のよい例を他の学習者たちに紹介するようにするとよい。そういう広げ方をすることによって，学習者のふり返りの質は広くもなるし，深くもなっていく。

●アクティブ・ラーニングの作り方・進め方

アクティブ・ラーニングの学習評価

唯一の正解のある問題の解き方を教えて，それをテストによって評価する。

これが従来型の教育の基本である。逆の言い方をすると，いわゆる客観体テストに解答できるように，その内容を上手に説明し，覚えておくよう促すのが，これまでの教育の基本形だった。しかしアクティブ・ラーニングのような「答えが1つではない問題」について活動・協同を通して学ぶ教育スタイルでは従来とは異なる評価の考え方や評価の技法が求められるようになる。評価をどうするか，考える必要がある。

1 ワークショップ型授業の評価の原則論

アクティブ・ラーニングとしてのワークショップ型授業の評価をどうすべきか。

わたしのこれまでの著作では，従来型の学習評価がいわゆる「知識・理解」を確認する客観体テストであるのに対して，ワークショップ型授業では記述式テストが基本であるということをずっと言ってきた。これがワークショップ評価に関する持論である。

活動の中でそれぞれの学習者が何に気づき，何を考えたかを記述させる。

「思考力」「表現力」「コミュニケーション力」について，個々の学習者がどのような気づきを持つことができたのか。それを学習者の言葉によってすくい取ろうとする。「問題解決力」「自己省察力」についても，学習者自身の言葉によって評価をする。

もちろん完全な評価ができるとは考えていない。しかし一定の制度の下で行う評価は1つの方便である。アクティブ・ラーニングも当面はこれでよいと考える。

つまり「思考力」「表現力」「コミュニケーション力」「問題解決力」「自己省察力」の中身についてできる限り厳密に定義し，それをある指標によって捉えることをしていけば，確かにより「妥当な学力評価」をすることができる。しかしいま現在の学校システム（制度）の中でそれをやろうとすると大きな無理が生ずると考える。いまの学校システムを大きく変えることのないまま評価を行うとしたらペーパーテスト。それでできる評価は「記述式評価」。これが従来までにわたしがとっていた評価論だった。

しかしアクティブ・ラーニングということを国をあげて取り組み，いまの学校システムを大きく変えることも考えられるのであれば，もう少し本格的評価を考えることもできる。それは「思考力」「表現力」「コミュニケーション力」「問題解決力」「自己省察力」を評価するための実験室を設けて，それをチェックする。あるいは，より実際的な体験を作り出して，そこでの様子を観察・インタビューを行っていく。

これを簡単な図にすると，次のようにまとめることができるだろう。

	数量的な把握をする	質的な把握をする
用紙に基づく	レベル1：客観体テスト	レベル2：記述式テスト
体験に基づく	レベル3：実験式テスト	レベル4：実践式テスト

レベル1とレベル3は数値による評価である。それに対してレベル2とレベル4は言葉による評価を行おうと考える。できるだけ簡便な評価を行おうとするのであれば，レベル1と3。より本格的な評価を行うのであればレベル2・4である。

わたしの推奨するアクティブ・ラーニングの評価は2・4である。

2 パフォーマンス評価

アクティブ・ラーニングとともに注目を集めている学習評価法としてパフォーマンス評価がある。『「学び」の認知科学事典』（大修館書店）によると，パフォーマンス評価とは「文字どおり，何かの課題や活動を実際にパフォーマンスさせることを通して行われる評価」のことであるという。「ある特定の文脈のもとで，様々な知識や技能などを用いて行われる人のふるまいや作品を，直接的に評価する方法」である。フィギュアスケートの評価や絵画コンクールの評価がそれである。演技や作品を専門家が一定の基準に従って評価する。そこで必要なのが「プロの目」（＝鑑識眼）である。

「思考力」「表現力」「コミュニケーション力」「問題解決力」「自己省察力」のそれぞれについて「一定の基準」を設け，それを単なる指標チェックだけではなくて，「プロの目」（専門家としての鑑識眼）で評価しようとなると一筋縄ではいかない。つまり教師側の「鑑識眼」が問われることになるからである。

考えてみると，これまで教師は客観体テストに関する知識・技能は身につけてきたが，記述式テストをするための「プロの目」をほとんど身につけないままにきている。わたしは高校生が受ける小論文テストの指導テキスト作成のために，進学校と呼ばれる高校教師の指導した高校生の小論文を大量に読んだ経験がある。しかし正直言って，それらはひどいものだった。

小論文テストで進学校と呼ばれる高校の教師たちがやっていた指導は，言葉の正誤に関する指導，文のねじれに関する指導，文字量に関する指導などの小論文の減点要素のチェックだけであった。論理的表現力，構想力，その他の加点要素についての指導・評価が行われている形跡をほぼ見つけることができなかった。

こうした現状において，課題や活動についての直接評価を行ったらどういうことが起こるかというと，恐らく課題や活動をやらせて，それを減点評価するだけである。減点評価は評価の仕方としてはほぼ素人の評価法である。正しい答えを決めておいて，その答えに当たることをできなかったら減点するというものである。これは専門家が行う「不十分なところはあるけれど加点できる要素あり」を見抜く「プロの目」による評価とは決定的に異なる。減点法による評価では「よさ」の評価ができない。

結論としてパフォーマンス評価を現場で実際に行うには「課題や活動」の複雑性をできる限り最小限にし，そこを「方便」（作業仮説）として，活用するということが最善の方法である。たとえば，コミュニケーションであれば，多人数のそれを評価することは難しいので，2人組のそれを評価する。表現力であれば一分間スピーチのそれを評価する。思考力であれば，ディベートなどの言語論理教育のベースになっているトゥールミン・モデルを活用した意見表明文の出来具合を判断するなどである。

「問題解決力」や「自己省察力」はインタビューが必要になるだろう。

質的研究で言うところの半構造化インタビューが役に立つだろう。

＊参考文献：「パフォーマンス評価による学習の質の評価―学習評価の構図の分析にもとづいて―」松下佳代・京都大学高等教育研究開発推進センター）

3 ピア評価

アクティブ・ラーニングの評価としてもう1つ重要なのがピア評価がある。

ピア評価は同僚評価とも呼ばれる評価で，活動に参加する学習者相互の評価である。この方法は様々な試行的実践が行われているが，まだ十分な研究はされていない。しかし「問題解決力」「自己省察力」の評価としての可能性は大きい。問題解決力や自己省察力は，本人に気づかれにくいけれど，周りの学習者から見ると，よく見える「岡目八目」的要素が少なくない。

たとえば単元に基づくワークショップ型授業（先述の「ニュース・キャスターゲーム）を行った後に，グループの中で問題解決力や自己省察力がどのように発揮されたかを相互に指摘する実践を試みたところ，本人も気づかない側面がたくさん出てきた。グループメンバーによる気づきのレベル（評価内容の些細さ）は教師一人では到底把握しきれないものであった。

今後もし学校制度が一定の変化をすることがあれば，グループインタビューによる評価などの可能性はあるだろう。つまり教師一人だけでは把握しきれない質の能力を把握するものとして活用できる。グループメンバーとして活動したからこそ把握することができる「資質・能力」の評価の可能性は大きいということである。

第3章

実践！アクティブ・ラーニング

6年●国語　**説明的文章の読解**

「段落シャッフル」で筆者の考えを読み取ろう―ホップ・ステップ・クラスを用いて―

単元目標

●バラバラになった文章をもとどおりの順序に戻すときの根拠を，文章の記述内容を用いて伝え合うことができる。
●文章には様々な構成があることを理解し，自分の考えの発表に活かすことができる。
●【段落シャッフル】ひとまとまりの文章を，内容のまとまりごとに4～5つ程度に分け，シャッフルしておく。その状態から，叙述や接続語をもとにして，児童がもとの順序どおりに構成し直す。これによって，文章の論理展開や内容理解をより深く学び取ることができる。

単元計画　8時間

教材は，光村図書『国語六 創造』平成27年度版，p.34-35

学習過程	時数	おもな学習活動
＜学ぶ段階＞ （前半） 題材1「笑うから楽しい」	① ②	●題名（「笑うから楽しい」）について，どのようなときに楽しくなるのか交流する。 ●個人作業で「段落シャッフル」に取り組む。 ●ペアで意見交流し，合意形成を行う。 ●ペア交流をもとにして，さらに4人グループで意見交流を行い，グループで合意形成した結果を発表する。
	③	●段落シャッフルで学んだことをふり返る。
＜活かす段階＞ （後半） 題材2「時計の時間と心の時間」	④ ⑤ ⑥ ⑦	●前半で学んだ，文章構成や読み取る技法をふり返る。 ●個人で段落シャッフルに取り組む。 ●ペアで意見交流し，合意形成を行う。 ●4人グループで意見交流し，合意形成した結果を発表する。 ●筆者の主張に対する賛否を明確にし，自分の考えを書く。
＜わかち合う＞	⑧	●書いた文章を発表し合う。聴く視点を明確にし，互いのよさを認め合う。 ●段落シャッフルによって何を学んだのか，ふり返りを行う。

単元構成

本単元は，単元を貫く学習活動として，「ある主張に対する自分の考えを書き，発信する」ことをねらいとしている。そのために，「学ぶ」段階（前半）では，説明文の文章構成の把握，事実と意見の違い，段落シャッフルとホップ・ステップ・クラスの流れ（個人→ペアやグループ→クラス全体という流れで活動を行う）を理解できるように説明する。最後には，段落シャッフルについてふり返りを行い「活かす」段階につなげる。

「活かす」段階（後半）では，前半の学習を活かして，より長い文章に挑戦する。「学ぶ」段階と同じ流れを繰り返すことで，児童にも負担なく進められる。

「わかち合う」段階では，「文章構成を用いているか」「根拠となる事例（体験）が用いられているか」「自分なりの意味づけがなされているか」を視点に，互いの発表を聴き合う。

●本時の概要 ＊本時 …… ❶❷③④⑤⑥⑦⑧

【本時目標】

4つに分けられた文章を，つなげた根拠を明確にしながら伝え合うことができる。

【準備するもの】
- ワークシート（4つに分けられた文章，p.48，児童用）
- 4つに分けられた文章を貼る台紙（画用紙，児童用）
- ふり返りシート（p.49，児童用）
- 4つに分けられた文章の拡大版（教師用）

※実際の授業では，1段落目を「しかし」の前後でさらに2つに分けて，5段階のシャッフルで行っている。

【活動】

①ホップ【1人】バラバラになった4つの部分をつなげて，もとの1つの文章にする。
②ステップ【ペア】文章をそのようにつなげた理由を伝え合う。
③ステップ【4人1組】ペアで話し合ったことを4人で確認し合う。
④クラス【クラス全体】グループで話し合ったことを，グループ代表者が全体に発表する。
※上記の流れを「活かす段階（後半）」でも繰り返す。（単元計画参照）
※「ホップ・ステップ・クラス」については算数の実践（p.86 ～ 89）も参照。

【活動の由来・参考文献】

- M・M・サルト著／宇野和美訳『読書へのアニマシオン 75の作戦』（柏書房）
- 溝上慎一著『アクティブラーニングと教授学習パラダイムの転換』（東信堂）
- ジョージ・ジェイコブズほか著／関田一彦監訳『先生のためのアイディアブック―協同学習の基本原則とテクニック―』（日本協同教育学会，ナカニシヤ出版）

本時の展開例　90分

説明
(10分)

●段落がバラバラになった文章を，もとの正しい順序に戻します。「段落シャッフル」と言います。
●段落シャッフルのやり方を説明します。
①4つに分けられた「笑うから楽しい」の文章を正しい順序に並べる。
②並べ替えた理由を学習プリントに書く。理由は文章から見つける。
③「ホップ・ステップ・クラス」の流れで行う。

＊読みの苦手な児童のために，文章構成（型），文末表現，接続語，キーワード，事実と意見の見分け方などについて説明をする。
＊「ホップ・ステップ・クラス」についてはp.86を参照。

活動
(65分)

【ホップ】1人（15分）

●まず1人で取り組みましょう。(15分)

＊ワークシート（p.48～49）と台紙（画用紙）を配布する。
＊並べた理由は直接ワークシート（4つに分けられた文章）に記入させていく。
＊接続語やキーワードなどには，赤丸や赤線を引いていく。
＊机間を回りながら，接続語やキーワードに着目できていない児童に声かけを行う。
＊台紙に糊付けするときは，後で貼り直せるように，はがしやすく貼る。

【ステップ】ペア（15分）

●ペアになって交流しましょう。(15分)

＊並べ替えた順番の理由を示し，互いに伝え合う。
＊「話題提示・筆者の考え」「事例」「呼びかけ」「接続語」「文末表現」「キーワード」などを視点に，並べた理由を交流させる。
＊「相手が自分を大切にしていると思う聴き方・話し方」をするように促す。

【ステップ】グループ（20分）

● 4人グループになって交流しましょう。(20分)

＊ペアを合わせて4人1組にする。
＊根拠を明確にしながら，並べ替えた順番を確認させる。
＊ペアと同様，相手を意識した発表を大切にさせる。（言い方・聴き方）

【クラス】全体（15分）

●グループの代表者が，どのように並べたか発表してください。(15分)

＊同じ並べ方をしているグループ（3パターン程度に分かれることが多い）の中で代表1グループ発表を基本とし，残りのグループは付け加え程度にする。
＊出された考えを黒板に書き記していく。
＊拡大し黒板に掲示している文章に，児童が答え，並べ替えた理由を書き込んでいく。

ふり返り
(15分)

●ふり返りシートに段落シャッフルで学んだことを記入し，伝え合いましょう。

＊「文章構成や読み方」「ホップ・ステップ・クラス」「その他」の視点でふり返りを書かせ，ペアで交流し，全体でまとめ，後半に活かす材料とさせる。

児童の変容

1 ゲーム性のある活動が参加意欲を高める

「国語のパズルを友達と解いているようで楽しかった」「4つに分かれた文章を元に戻すことで，文章構成の大切さに気づくことができた」「友達と話しながら読み進めることができたので楽しかった」というふり返りが多かった。

「バラバラになった文章を，もとの文章に戻す」という，ルールが明確なゲーム性の高い活動に対し，挑戦してみたいという意欲の高まりがあった。まずは1人で段落の並べ替えに挑戦してみる。やってみるもののどことなく不安感が残り，ペアやグループを頼りながら共に考えていく。このような協同的な読みを通すことで，自分の考えを受け入れてもらえる心地よさや互いの考えを確かめ合う知的な意見交流ができ，この単元での積極的な読みにつながったと考えられる。

2 協同することで，文章の「型」や読解方略の理解がより深まる

文章を読み取るには文章の「型」を知っておく必要がある。文章の「型」や読解方略の理解は，実地で叙述に基づく根拠を交流し合うことで深まっていく。そのため，ペアやグループで行うことが有効である。個で考えたことをペア・4人1組のグループで交流し合うことで，自分では気づかなかった新たな視点を得ることができる。

本時の教材文では，筆者の意見か具体例か（小学校段階では具体例は文章の中にくることがほとんど）などを手がかりにして，全10グループ中の6グループが，正しく並べ替えることができた。

クラス全体では質問しづらくても，ペアやグループではハードルが下がって質問しやすくなる。読みが苦手な児童も，学習の協同性に支えられて意欲が高まり，文章を読み取る力の習得につながっていく。

3 グループの組み合わせには配慮が必要

読み取りが苦手な児童が同じグループやペアになることで，話し合いがうまくいかないことも考えられる。そのため，ペアやグループ編成を工夫する必要がある。ペアは男女を基本とする。グループ編成の留意点は次の3点である。①読む能力を把握しておくことが必要である。担任であれば日常をともに過ごしながらある程度は把握できているであろう。もし不安な場合は，子どもたちと相談しながらペア・グループを決めていけばよい。②4人1組（男女各2名ずつ）のグループでは斜めに同性がくるようにし，隣には異性が座るようにする。そうすることで，話し合いは4人の中心に落ちやすくなる。③進行ができる児童をグループに1人入れる。グループ活動に慣れれば，このような工夫も必要ないが，慣れるまでは，日常的にペア・グループ活動を取り入れていきたい。

私たちの体の動きと心の動きは、密接に関係しています。例えば、私たちは悲しいときに泣く、楽しいときに笑うというように、心の動きが体の動きに表れます。しかし、それと同時に、体を動かすことで、心を動かすこともできるのです。泣くと悲しくなったり、笑うと楽しくなったりするということです。

【つないだ理由】

私たちの脳は、体の動きを読み取って、それに合わせた心の動きを呼び起こします。ある実験で、参加者に口を横に開いて、歯が見えるようにしてもらいました。このときの顔の動きは、笑っているときの表情と、とてもよく似ています。実験の参加者は、自分たちがえがおになっていることに気づいていませんでしたが、自然とゆかいな気持ちになっていました。このとき、脳は表情から「今、自分は笑っている」と判断し、笑っているときの心の動き、つまり楽しい気持ちを引き起こしていたのです。

【つないだ理由】

表情によって呼吸が変化し、脳内の血液温度が変わることも、私たちの心の動きを決める大切な要素の一つです。人は、脳を流れる血液の温度が低ければ、こころよく感じることが分かっています。笑ったときの表情は、笑っていないときと比べて、鼻の入り口が広くなるので、多くの空気を取りこむことができます。えがおになって、たくさんの空気を吸いこむと、脳を流れる血液が冷やされて、楽しい気持ちが生じるのです。

【つないだ理由】

私たちの体と心は、それぞれ別々のものではなく、深く関わり合っています。楽しいという心の動きが、えがおという体の動きに表れるのと同様に、体の動きも心の動きに働きかけるのです。何かいやなことがあったときは、このことを思い出して、鏡の前でにっこりえがおを作ってみるのもよいかもしれません。

【つないだ理由】

◆出典：中村真著「笑うから楽しい」（光村図書『国語六 創造』平成27年度版）より転載。
本実践における教材用に、段落間に切り取り線等を入れてある。

「段落シャッフル」ふり返りシート

年　　組　　名前（　　　　　　　　　　　）

◆「段落シャッフル」を行って学んだことを書きましょう。

一、段落シャッフルで使った知識（文章構成、読み方など）や新しく気付いたことを書きましょう。例：「接続語を手がかりにした」「キーワードを見つけて読んだ」

二、ホップ・ステップ・クラスで交流してみて、よかった点と改善点を書きましょう。

よかった点

改善点

三、その他（何か新しい学びがあったときには書きましょう。）

5年●国語　ファンタジーを楽しもう

作家インタビュー

単元目標

●構成や表現を工夫したファンタジー物語の創作活動を通して，自分の思いや願いを伝える力を高める。
●作家インタビューを通して，作家の思いや願いを聞き出し，他者を理解するためのコミュニケーション力を育む。

単元計画 12時間

学習過程	時数	おもな学習活動
教科書の学習	①②③④⑤⑥	●「注文の多い料理店」を読み取り，「入口と出口のある物語のパターン」や「主人公の変化」，「ふしぎな世界を想像させる文章表現の工夫（オノマトペ・非現実の出来事）」を学ぶ。 ●「注文の多い料理店」で，宮沢賢治が読者に伝えたかった思いや願いを考える。
物語創作	⑦⑧	●物語に書き表したい，自分の思いや願いを考える。 ●「入口と出口のある物語のパターン」「主人公の変化」「ふしぎな世界」をまとめた構成メモを作成し，物語の構成を考える。
	⑨⑩	●物語作品を書く。（400 字以上 800 字以内）
作家インタビュー	⑪	●友達の作品を読んで，インタビューしたいことをまとめて作家インタビューをする。
	⑫	●作家インタビューを通してわかったことをもとに，作品紹介をしてから作品を読み合い，単元をふり返る。

単元構成

本実践は，「注文の多い料理店」の学習の発展教材として，物語創作と作家インタビューという活動を位置付けたものである。物語文の学習は，物語で学んだ詩的な表現方法やドラマティックな物語の構成が，自身の表現活動に活用されにくい。そこで，本単元では，物語文の読解における学びを自身の文章に活かすことができるように，物語創作の活動を位置付けた。

多くの物語文には，作家の思いや願い（メッセージ）が込められている。児童が書く物語文も同様で，一人一人その人となりが表れるような思いや願いが込められる。しかし，作者が作品に込めたメッセージと，読者が作品から読み取ったメッセージがいつも一致するとは限らない。そのギャップこそが，児童の知的好奇心を喚起させる。そこで，作者にインタビューする活動を設定し，読者が作品から読み取った思いや願いを作者に伝え，さらに作者の思いや願いを聞き出すという，作品を間に挟んだ作者と読者の対話を仕組んだ。この活動を通して，児童が物語作品のメッセージを体験的に学び，今後の読書生活にも活かされることを期待したい。

●本時の概要

＊本時 …… ①②③④⑤⑥⑦⑧⑨⑩⑪⑫

【本時目標】

作家インタビューを通して，作家本人の思いや願いを引き出す。

【準備するもの】
- 作家インタビューシート（p.54）

【活動】

①インタビューのために，隣の席の友達の物語作品を読み，作品に込められた思いや願いを見つける。

②作家インタビューを行って，作家の思いや願いを聞き出す。

③作家インタビューをふり返り，わかったことをまとめる。

【活動の由来・参考文献】

- 本単元の流れや指導については，上條晴夫編著『ワークショップ型授業で国語が変わる』（図書文化社）等を参考にした。
- 今回は，「入口と出口のある物語のパターン」として「注文の多い料理店」を取り上げたが，「主人公が苦しみを克服して成長するパターン」として「海のいのち」を取り上げたり，「仲間の行動が主人公を成長させるパターン」として「風切るつばさ」を取り上げたりするなど，他教材でも実践することができる。

本時の展開例 45分

説明
(5分)

●「作家インタビュー」に取り組みます。ここにいるみんなが作家さんです。今日は，作品から読み取ったメッセージを，作家さんにインタビューをして確かめ，作家さんの思いや願いをみんなに伝えてあげましょう。また，インタビューを受けるときには，自分の作品に込めた思いや願いを友達に話し，みんなに伝えてもらいましょう。
● 4人1組で行います。2名ずつAチームとBチームに分かれます。Aチームは，作家さん役1名，記録係1名を担当します。Bチームは，2人がインタビュアー役です。インタビューが終わったら，AチームとBチームで役割を交代します。インタビュー時間は4分間です。

＊作家インタビューのルールや流れについてプリントで説明する。
＊教師が組分けを発表して，机を△型に並べる。(4人の班は以下のような□型)

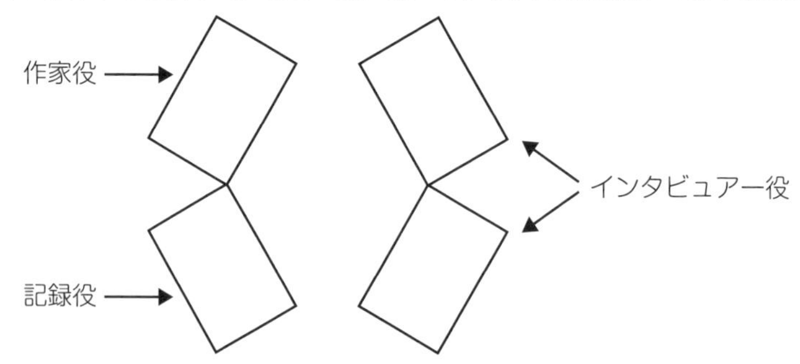

活動
(30分)

(10分)

●みんなに作品を紹介するために，作家さんの思いや願いを引き出すような質問項目を5つ考えましょう。

＊作家インタビューシート，記録用紙を配布する。
＊物語作品を二人ペアで読みながら，作家にインタビューしたいことを5つ考えさせる。

(20分：4分×4回)

●作家さんにインタビューをしてみましょう。作家さんは，答えたい質問から順に答えてください。

＊各班の役割分担を確認する。
＊教師は時間をはかる。1回のインタビューは4分間，役割を交換しながら4回繰り返す。役割交換，確認の時間として1分間をあてる。

ふり返り
(10分)

●作品をみんなに紹介するために，作家インタビューをしてわかったこと，みんなに伝えたいことをまとめましょう。

＊作品に込められた作家の思いや願いについて，自分の考えを入れ，作家の言葉を引用してまとめる。

児童の変容

1 深い自己内省を生む，物語創作

物語作品は，あくまでフィクション（作り話）である。しかし，物語創作を通して生まれる作品には，作家となる児童の普段の生活を背景とした思いや願いが如実に表れる。ある児童は，食べ物の好き嫌いをしていた少年がふしぎな世界で食べ物の声を聞き，現実の世界で野菜を食べてその美味しさに気付く物語を書いた。このような作品が生まれる理由の1つに，フィクションであるということの安心感があると考える。あくまで作り話という前提の上で描かれる作品には，児童の願いや思いが表れる可能性を含んでいる。そのような物語を構想し，作品として書き，インタビューを通してフィードバックされるという経験は，自己の在り方・生き方を振り返る機会となるのである。また，空想の中で自身の願いを達成する疑似体験は，自身の成長への希望にもつながっていく可能性もあるのではないだろうか。

2 他者理解の感度を高める，作家インタビュー

作家インタビューは，前述したとおり，児童一人一人の切実な願いや思いのつまった物語作品を介しての対話活動となる。あくまでフィクションという前提のもとではあるが，普段の生活場面では，あまり語り合うことのない題材での対話につながる。そして，作品を通して，他者を理解するというコミュニケーションを体験的に学ぶ機会ともなる。

例えば，やんちゃ好きなＡくんは，ロボットの世界を描いた作品を書いた。イタズラとロボットが好きな主人公が，ロボットの世界に迷い込んでイタズラをする。そのことで，ロボットの警察に捕まって分解されそうになる恐ろしい体験をし，イタズラをしなくなるというものだ。その物語についての作家インタビューを行ったＢさんは，それまでよりＡくんに対し，寛容に接するようになった。教師が，児童の他者を理解する力を育む視点をもって取り組むことで，より学び多き活動となるであろう。

3 インタビュー力の個人差に対応するために

「Cさんのインタビューは答えるのが難しかった」「予定していた質問のあと，続けてインタビューするのが難しかった」というように，質問側の児童によっては4分間のインタビューが続かない場合があった。その場合は，作家側が話したいことを話してもよいとしたり，記録係がアドバイスしたりしてインタビューを続けてよいことにするという改善策が考えられる。インタビュー力の個人差に対応するために，事前にルールとして伝えておくと，よりスムーズに進行できたのかもしれない。

ワークシート「作家インタビューに挑戦」

名前＿＿＿＿＿＿＿＿＿＿＿＿＿＿

1. 作家にインタビューしてみよう

インタビューすること	選んだ順番
①	
②	
③	
④	
⑤	

項目番号	作家さんの答え

2. 作家インタビューを通して，わかったことをまとめよう

作家さんの思いや願いについてわかったこと
作品についてわかったこと

物語構想シート

名前（　　　　　　　　　　）

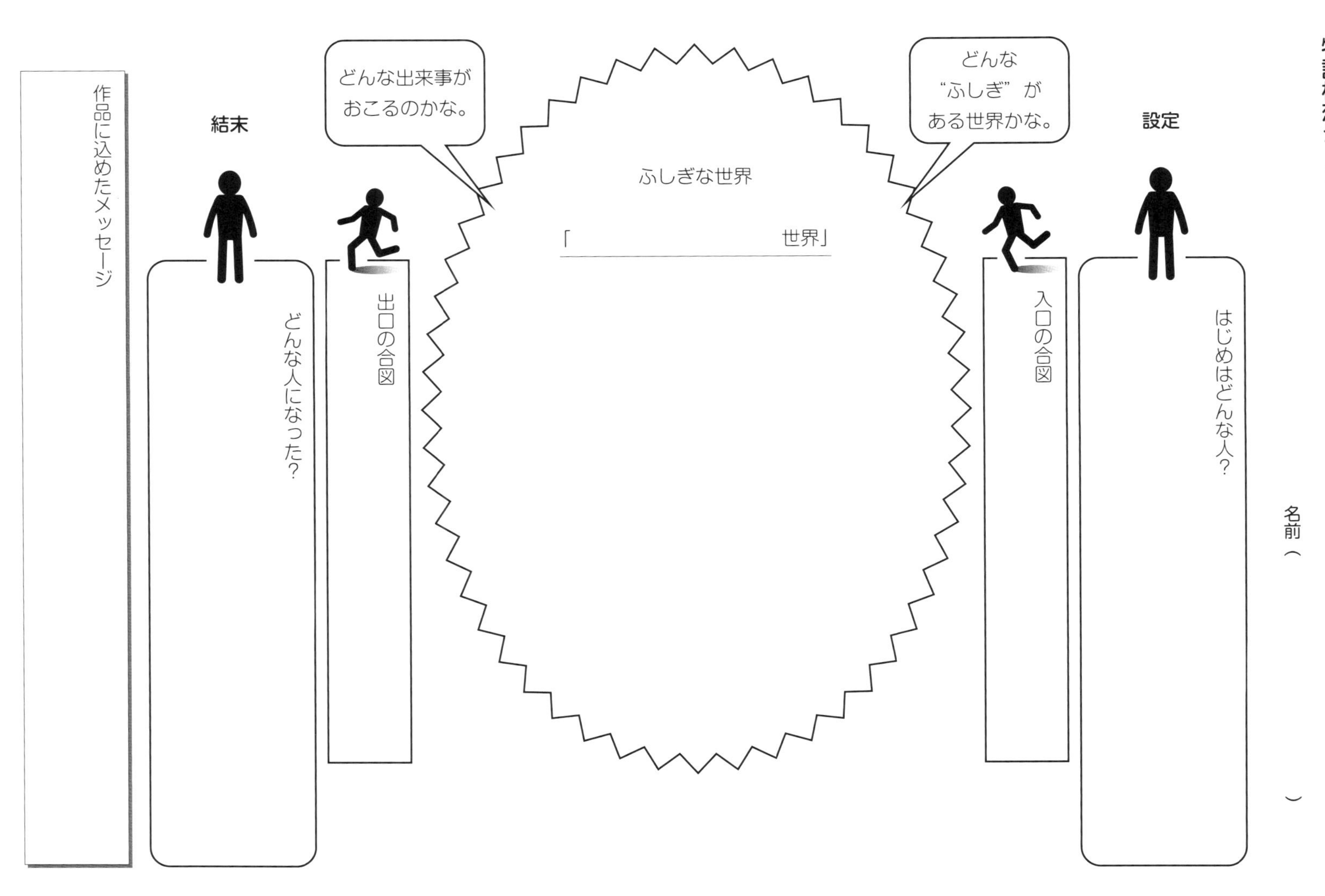
設定
はじめはどんな人？
どんな“ふしぎ”がある世界かな。
入口の合図
ふしぎな世界
「　　　　　　　　　　世界」
どんな出来事がおこるのかな。
出口の合図
結末
どんな人になった？
作品に込めたメッセージ

5年●国語　説明文の読解からディベートへ

ディベート大会をしよう
—○○小学校は給食を廃止すべきである—

単元目標

●文章の構成や述べ方の工夫に注意して筆者の考えを読み取ることができるようにする。また，必要な情報を得るために図書やその他の資料を工夫して読むことができる。
●自分たちの考えが明確に伝わるように，文章の組み立ての効果を考えたり，事実と意見を区別しながら意見文を書いたりすることができる。
●自分たちの意見を冷静に主張し，相手の意見を正しく理解（立場を考慮）しながら話し合うことができる。

単元計画—17時間

学習過程	時数	おもな学習活動
教科書の学習	①②③④⑤⑥⑦⑧⑨	●「森林のおくりもの」を読み取り,「説明文のパターン」と「表現の工夫」を学ぶ。 ●「森林のおくりもの」の教材文から興味をもったことを集め，グループ（4人）ごとに調べるテーマを決める。 ●グループごとにテーマについての情報を収集し，「森林のおくりもの」から学んだ「説明文のパターン」と「表現の工夫」を使って,「森林ブックガイド」を作る。
ディベートの準備	⑩⑪⑫	●ディベート大会の議題を知る。 ●実際のディベートの映像を視聴し，活動の流れを知る（菊池学級のDVDの視聴）。 ●グループで，「肯定側」「否定側」両方の資料集めをする。 ●森林ブックガイドと同様に，「説明文のパターン」「表現の工夫」を用いた立論を作る。 ●「立論」「質問」「答え」「反論」の4役を決め，シミュレーションをしながら各原稿やメモを作成する。
ディベート大会（本時）	⑬⑭⑮⑯	●ディベート大会を行う（トーナメント方式）。 ●敗者復活も含め，各チーム最低2試合は行う。 ●試合を通して，メモの取り方，話型を学ぶ。 ●次の試合までに，原稿やデータ，役割の修正をする。
ふり返り	⑰	●ディベート大会で学んだことを交流する。

単元構成

本単元では,「森林のおくりもの」の学習の後，説明文学習の発展型教材として，ディベートを取り入れた。議題について，肯定側4名，否定側4名でチーム戦のディベートをする（「立論」「質問」「答え」「反論」の中から一人一役をする）。2チームの試合中は，他のグループは判定役となる。判定役グループの代表が判定を発表し，多数決で勝敗を決定する。

「ルールのある話合い」を積み重ねることで,「かみ合った議論」を段階的に実現していき,「自分自身を積極的に表現する姿勢」「決まったことには，自分の考えとは違っていても従おうとする姿勢」「相手の話を傾聴する謙虚な姿勢」などを育てていく。

● 本時の概要

＊本時…… 1 2 3 4 5 6 7 8 9 **10 11 12 13 14 15 16** 17

【本時目標】

・ものごとの背景を読み取って，具体的な根拠をもとに論じることができる。
・相手の意見をよく聴き，尊重し，いろいろな見方に気付くことができる。

【活動の様子】

【準備するもの】
- ディベート用のノート（立論や質問，話合いのメモ，ふり返り）
- キッチンタイマー（立論，質問と答え，反論の制限時間を示す）
- ディベート用の話型（掲示用と児童配布用のプリント）

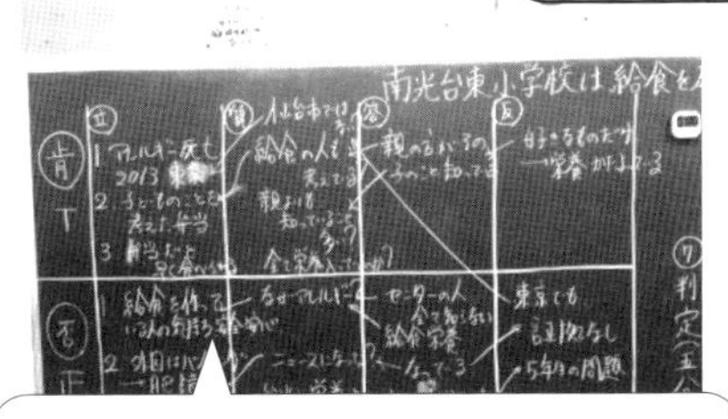

試合中は，「フローシート」を用いて，両チームの議論を教師が板書していく。

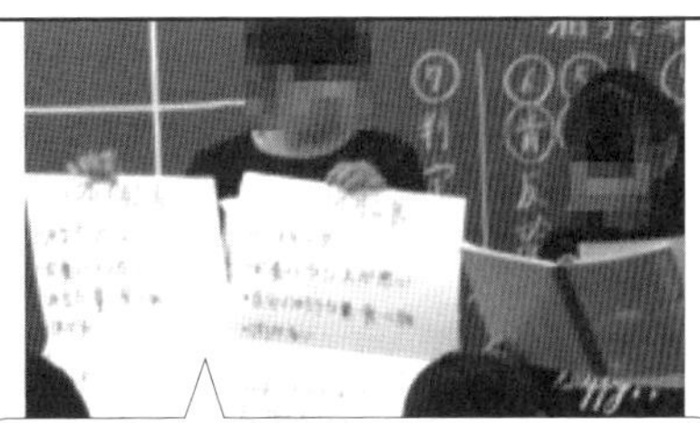

「立論」の場面では，いかに相手を納得させる資料やデータを用意するかが，最初の勝負のカギになる。

「質問」とそれに対する「答え」の応酬の場面。ディベートで一番白熱する時間である。

「判定役」は，担任の板書も参考にしながら，両者の議論を「フローシート」を用いてメモしていく。

【活動】

①ディベートのめあて（p.59 1 参照）と，議題を確認する。
②コイントスで「肯定側」「否定側」の立場を決める。
③ディベートをする。
④判定役は，「両者のよかったところ」「判定」「判定理由」を伝える。
⑤ 45 分授業の中ではもう 2 試合，②～④の流れで行う（1 試合 13 分程度）。
⑥その授業の中のディベートにおける学びを発表する。

【活動の由来・参考文献】

- 菊池省三『動画で見る菊池学級の子どもたち　言葉で人間を育てる』（中村堂）
- 上條晴夫・池内清『ファックス資料　小学校ディベートワークシート』（学事出版）
- 松本道弘・菊池省三『Edu-Talk シリーズ① ディベートルネサンス 究論復興』（中村堂）

本時の展開例

説 明
(45分)

●みなさんは，「森林ブックガイド」づくりで「相手を納得させる文章づくり」をしました。今回は，相手の意見を理解した上で，お互いに議論を交わす活動をしましょう。これを「ディベート」と言います。
●ディベートは，討論と違って「勝敗やルールのある」話合いです。今回は「○○小学校は給食を廃止すべきである」という論題で行います。
●4対4の対抗戦です。4人グループでチームになり，「立論」「質問」「答え」「反論」の4役を分担してください。

＊4対4のディベートのルールや流れ，話型などについて，菊池学級のディベートのDVD（参考文献参照）を見せながら説明する。
＊2回目は，話型のプリント（p.60，資料1）を参照させながら視聴させる。3回目は，「フローシート」方式で教師が板書したものを視写させながら視聴させ，勝敗の判定基準を知る。

活 動
(225分)

●ディベートの準備をしましょう。(90分)

準備
(90分)

＊各チームには，「肯定側」「否定側」両方の立場の準備をさせる。
＊「立論」「質問」「反論」「判定」の話型を参考に，グループ内で原稿作りやシミュレーションをさせる。「立論」「質問」「答え」など，事前に原稿やメモを必要とするものは，全てディベートのノートに書かせる。
＊「立論」は，「森林ブックガイド」の「説明文のパターン」（①「問い」または「言い切り」→②「答え」または「具体例」→③主張）の順番を変えて，①主張→②「問い」または「言い切り」→③「答え」または「具体例」の順で述べることとし，「表現の工夫」（「強調」や「引用」）を適宜使えばよいことを教える（p.60資料2参照）。
＊「森林ブックガイド」づくり同様，相手を納得させるデータや資料を集めればよいことを教える。

試合
(45分×3)

●ディベートトーナメント，第1試合を行います。
(45分で3試合が目途。8チームのトーナメント戦で，1回戦4試合，準決勝2試合，敗者復活戦2試合，3位決定戦，決勝戦の計9試合行う。)

＊今回は初めてのディベートなので，教師が司会とタイムキーパーを務める。児童はメモに慣れていないため，フローシート方式のメモを板書する。(p.61，資料3)
＊コイントスで「肯定」「否定」の立場を決め，あいさつをして試合をはじめる。
＊肯定側立論（1分）→否定側立論（1分）→作戦タイム（30秒）→否定側質問（2分）→肯定側質問（2分）→作戦タイム（30秒）→否定側反論（1分）→肯定側反論（1分）→判定タイム（30秒）→各グループの判定発表（各グループ30秒ずつ）
＊具体的な証拠資料やデータ，アンケートなど，説得力がある立論を褒める。
＊「否定側の立論」は，「肯定側の立論」に言及してよいこと，「肯定側の反論」は，「否定側の反論」に言及してよいことを伝える。

ふり返り
(45分)

●ディベート大会を通して，学んだことと，「クラスと自分の成長」を書きましょう。

＊活動の様子をデジカメの画像や動画で見せながら子どもたちの成長を教師が語る。
＊協同学習の「ライト＝ペア＝スイッチ＝シェア」の手法（ペアになり，お互いのふり返りにコメントし合う。ペアを替えてくり返す）で交流する。

児童の変容

1 「人と論を区別する」姿勢が身に付いた

子どもたちには毎時間のめあてとして，「人と論を区別する」こと，「相手を尊重する」こと，そして「win-win-win の関係づくり（肯定側，否定側，判定役全員が学び合う）」を目指すこと，の３点を伝えていた。以下は，本単元学習後の子どもたちの感想である。

○「相手のよさを見つける」ということを一番に学びました。

○ディベートは，「相手と共に」成長できる，素晴らしいゲームだと思います。

○相手がいたから，ディベートができた。相手がいたからこそ，たくさんのことを学べた。相手の意見に「納得する」ことがたくさんあった。

○みんな，勝っても負けても「笑顔」でした。試合のあと，お互いに相手のよさを伝え合って，握手やハイタッチをしている姿がありました。

2 論理的思考力，情報収集力，聴く力が伸びる

ディベートは「立論」「質問」「反論」すべての時間が決まっている。短時間の中で，判定役を納得させる根拠やデータを示さなければならない。事前に各自が集めた情報を持ち寄って，よりよいものを精選する情報収集力が身に付いた。また，事前の説明文で学んだ「説明文のパターン」や表現の工夫，ナンバリング・ラベリングを駆使し，論理的に意見を述べられるようになった。

今回は，フローシート方式でメモを取らせたが，この「思考ツール」があることで，話合いの流れを常に整理しながら聴き取る力も身に付いた。

3 ディベート成立までの「難所」と「対策」

１回戦で顕著になった問題点は，「質問」と「答え」，「反論」の場面である。あらかじめ用意した原稿を読む場面ではないため，経験のない子どもたちは相手の「質問」に対して黙ってしまったり，感情的になって，「答え」の役であるにもかかわらず「質問」し返してしまったりした。そこで次の２つの対策を講じた。

① 菊池学級の DVD の映像をもう一度視聴し，メモを取ることで「質問」や「答え」，「反論」の方法を学び直した。

② 道徳の時間に，「日本の学校は掃除を廃止すべきである」という議題で，３人１組のマイクロディベート（１人ずつ肯定側，否定側，判定役の３役を担い，一斉に試合をする。時間で区切り，役割を交替する）を行った。この活動のよさは，クラス全員が同時にディベートに参加し，短時間でたくさんの試合経験を積めることである。「肯定側」「否定側」の両立場で，「立論」「質問」「答え」「反論」の４役を計２回ずつ経験できる。

資料１：主なディベートの話型

立論	質問
◆○○側の立論を○つ話します。 ◆１つ目は，～（主張）ということです。 ＋データと理由 （「～ありますか。」「～ですよね。」「～なのです。」などの，説明文で学んだ「言い方の工夫」を入れて話すのもよいですね） ２つ目は，… ３つ目は，… ◆以上の理由から，～べきだと（べきではないと）思います。 ※立論のときには特に，「手にも，ものを言わせる」ことを意識しましょう。	◆～と言いましたが…。～と言いましたよね？ ◆～ですよね？ ◆～すればいいですよね？ ◆～ではないでしょうか。 ◆「はい」か「いいえ」で答えてください。 ◆（「いいえ」と返されたら）なぜですか？ ◆答えられませんね。 ◆～は認めますか。 ◆何人ですか。何年の出典ですか。 ◆もう一度言ってください。 ◆わかりました。ありがとうございました。 ※質問で「どのように？」や「どう思う？」は△
反論	**判定**
◆相手の意見には，○つの問題点があります。 ◆１つ目は，～と言っていましたが，それは認められません。理由は～ ２つ目は，～ ３つ目は，～ ◆以上の理由から，○○側の意見を否定します。	◆みなさんお疲れ様でした。 ◆肯定側のよかったところは～ ◆否定側のよかったところは～ ◆わたしたちは，○○側が勝ったと思います。 理由は～ ◆ありがとうございました。

資料２：児童が作成した台本の例

【肯定側（学校給食を廃止すべきである）の立論】 ══→主張，～～→問い，──→言い切り，……→答え・具体例

肯定側の立論を３つ話します。
１つ目は，人それぞれ食べる量もスピードも違うので，自分に合ったものをもってくることができるということです。みなさんは給食の残飯について考えたことがありますか。量もスピードも人それぞれだということは，給食を残せば残飯も増えてしまうのです。実際，給食を片付けてくれるパートの方に聞いてみたところ，○○小学校では汁物が掃除用のバケツ１杯分。おかずが掃除用のバケツ２杯分くらい残っているそうです。これは○○小学校にもう １ クラス増やしても大丈夫な量です。何ともったいないことをしているのでしょう。
２つ目は，人体に有害なものが入ったときに一気に広まってしまうということです。（後略）
……
３つ目は，親子のコミュニケーションが生まれるということです。（後略）
……

【想定問答】

Q１. 給食でも量の調節はできますよね？
A１. 量を調節するから，残食が出てしまうのです。お弁当なら，自分に合った量なので残食もありません。

Q２. ノロウィルスが出た，ということですが，証拠はあるのですか？
A２. はい。国立感染センターからの資料をコピーしてきたのですが，○○市の集団食中毒の記事が……。

Q３. 親子のコミュニケーション，と言っていましたが，毎日のお弁当づくりは親の負担になりませんか？
A３. ○○さんのおうちでは，親子でお弁当づくりをすることで，親子の会話が増えて家族も笑顔になったそうです。
……

資料3：児童による
フローシート方式の
メモ→

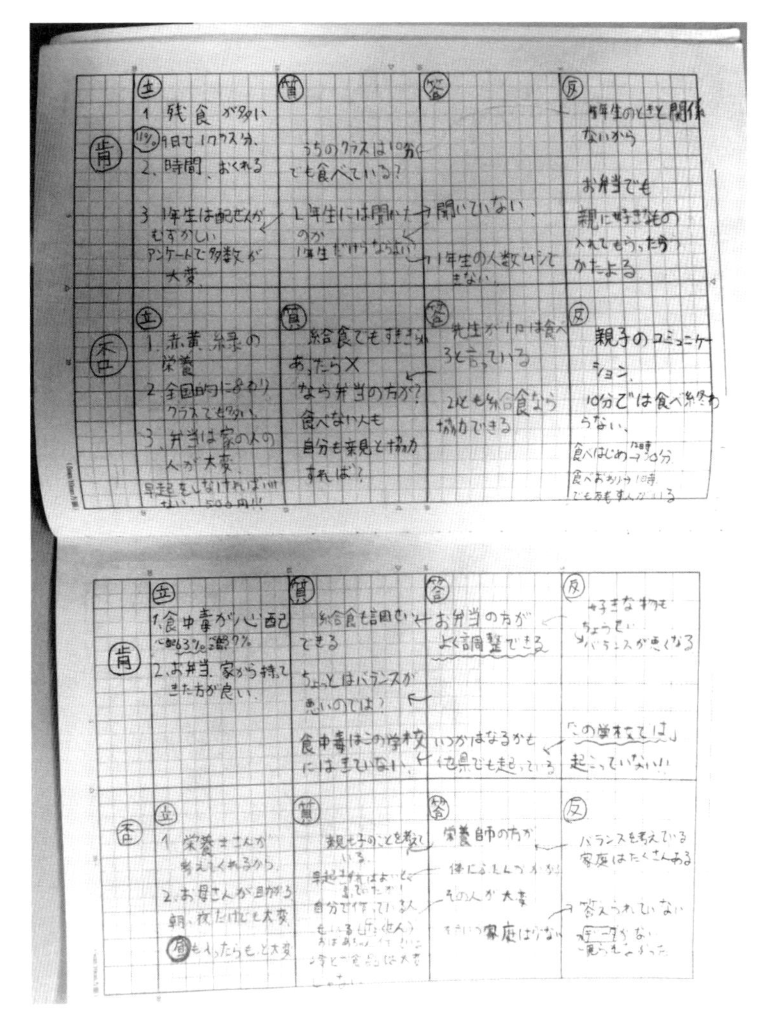

資料4：ノートに書かれた
シミュレーション↓

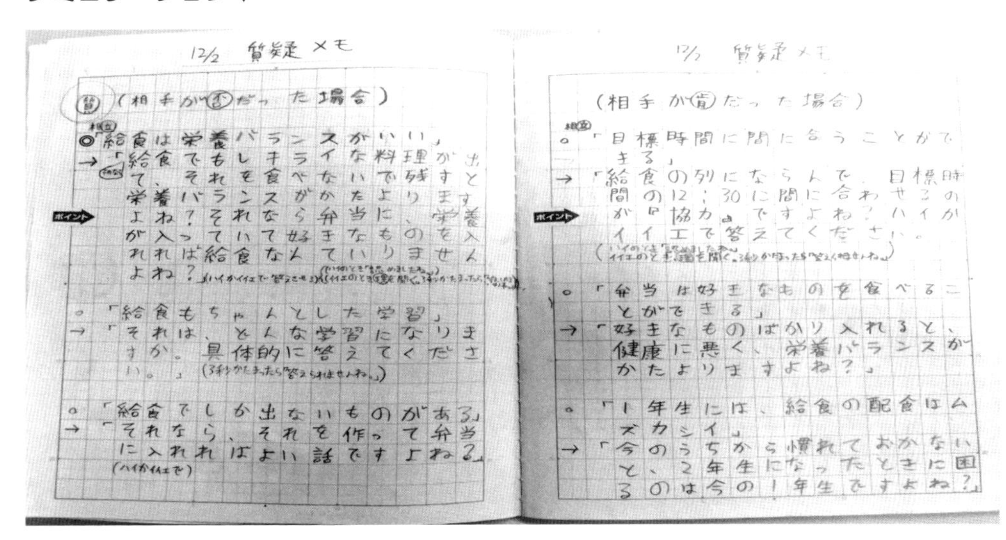

トップ記事ランキング
一流国の仲間入りを果たせたきっかけは？

単元目標

●日本が世界の一流国として認められるきっかけとなった４つの出来事（大日本帝国憲法の発布，不平等条約の改正，日清・日露戦争，科学の発展）のランキングを通して，日本の国力が充実し，国際的地位が向上したことを自分なりの根拠を持って考えることができる。
●互いのランキング結果を聞き合い，自分とは異なる友達の根拠に触れたりそこから生まれた自分の問いを追究したりする活動を通して，４つの出来事と日本の国際的な地位が向上していったこととの関係がわかる。

単元計画－9時間

学習過程	時数	おもな学習活動
準備	①	●日本が国力を高め，世界の一流国の仲間入りを果たすきっかけとなった４つの出来事（①大日本帝国憲法の発布，②不平等条約の改正，③日清・日露戦争，④科学の発展）を知る。
ランキング①	② ③	●「世界の一流国の仲間入りを果たした日本を紹介する新聞を書くとしたら，そのきっかけとして４つの出来事のどれをトップ記事とするか」というテーマについて，資料をもとに考えランキングを行う。
調べる	④ ⑤ ⑥	●１回目のランキングを通し疑問に思ったことや，それぞれの出来事の内容，関わった人物等について調べ学習を行う。
ランキング②	⑦ ⑧	●調べ学習をもとに２回目のランキングを行い，友達と意見交流を行い，ふり返りを書く。
まとめる	⑨	●日本の国力が高まり，国際的地位が向上していった一方で，人々の生活や社会の変化，外国との関係の中に生じた課題について調べ，単元全体の学習をふり返る。

単元構成

本単元では，ランキング（順位づけ）を単元の導入時と終末時の２回位置づけた。導入時は，教師が用意した資料をもとにランキングを行うことで，４つの出来事に対する子どもたちの関心や問題意識を高め，調べ学習につなげたいと考えた。それに対し終末時は，調べ学習で見つけた根拠をもとに再度ランキングを行うことで，４つの出来事と日本の国力が充実し，国際的な地位が向上したことに対する見方や考え方が深まることをねらった。

ランキングでは，一人一人の見方，考え方の違いが順位づけの違いとなって表れる。友達と自分との差異を意識した交流をきっかけに，課題に対する子どもたちの問題意識や追究意欲を高め，思考の活性化を促す単元構成とした。

●本時の概要

＊本時……①❷❸④⑤⑥⑦⑧⑨

【本時目標】

お互いのランキングとその理由を聞き合う活動を通して，４つの出来事（①大日本帝国憲法の発布，②不平等条約の改正，③日清・日露戦争，④科学の発展）と，日本の国力が充実し，国際的な地位が高まっていったことに対する問題意識を高め，これから調べたい自分なりの問いを持つことができる。

【準備するもの】
- ランキング資料プリント（p.66）
- ランキングシート（p.67-68）

【活動】

①教師が作成した資料プリントを読み，個人でランキングを行う。
②友達と互いのランキングを見せ合い，順位づけの理由を聞き合う。
③友達との交流や話し合いをもとに，もう一度ランキングを行う。
④ランキングや交流を通して，４つの出来事について気になったことや，これから調べていきたいことなどについてふり返りを書く。

【活動の由来・参考文献】

- ランキング（テーマに対するいくつかの選択肢を優先度の高いものから低いものへと順位づけする活動）という考え方については，『開発教育・国際理解教育ハンドブック』（財団法人国際協力推進委員会）を参考にした。
- ランキングを社会科授業に取り入れた先行実践としては，上條晴夫・江間史明編著『ワークショップ型授業で社会科が変わる　小学校』（図書文化）の「明治維新人物ランキング」を参考にした。子どもたちの思考を促すことをねらい，単元の導入時と終末時の２回，ランキングを行うこととした。

関係する資質・能力
問題解決力
思考力
表現力
コミュニケーション力
自己管理力

本時の展開例 90分

説明
(10分)

●世界の一流国の仲間入りを果たした日本を紹介するトップ記事ランキングをします。もしみなさんがその時代の新聞記者だったら，きっかけとなった4つの出来事のうち，どれをトップ記事とするかランキングしてみましょう。

＊ランキング資料プリント（p.66）とランキングシート①（p.67）を配る。
＊ランキングの目的や，やり方，条件を確認する。

活動
(60分)

個人でランキング（30分）

●4つの出来事が書かれた資料プリントを読んで，ランキングシートに自分なりの順位づけとその理由を書きましょう。時間は30分です。

＊ランキングには正解はないこと，なぜこのような順位にしたのか，その理由づけが大切であることを確認する。
＊子どもなりの見方や考え方を引き出し，疑問点やあいまいな点を今後の調べ学習のきっかけとすることから，ここでは教科書･資料集などは使わせないようにする。

交流タイム（30分）

●教室内を歩き回りながらペアを作り，互いのランキングを見せ合い，その理由を話し合ってみましょう。時間は30分です。

＊交流前，黒板に4つの出来事を掲示し，1位にランキングした出来事に名前マグネットをはらせる。そうすることで，考えの差異が可視化され，目的にあった交流相手を選ぶことができる。
＊交流の仕方やランキングシートの書き方（「なるほど」「反対」「ちょっと疑問」という観点で記録する）などのやり方を，教師がモデルとして事前に示す。
＊「まずは1位が同じ友達，次に1位が違う友達と交流する」「4人以上の友達と話し合う」など，交流相手や人数の条件を指定することで，交流の活性化を図ることができる。

ふり返り
(20分)

もう一度ランキング（10分）

●交流タイムで話し合ったことをもとに，もう一度ランキングをしてみましょう。理由も書きます。時間は10分です。

＊ランキングシート②（p.68）を配る。
＊1位の順位づけの変わった子どもがいれば，名前マグネットのはり直しをさせ，考えの変わった理由を発表させる。

ふり返り（10分）

●ランキングや交流での話し合いを通して，4つの出来事について気になったことや，これから調べたいことを書きましょう。時間は10分です。

＊教師は，それぞれの子どものふり返り内容を把握するとともに，次時からの調べ学習につながるような意見があれば全体に紹介する。
＊ふり返りをなかなか書けない子どもには，ランキングシートの見直しをさせ，悩んだことやわからなかったことを問いかけたり，早く書き終えた子どものふり返りを参考にさせたりすることで，書くきっかけやイメージを持たせる。

児童の変容

1 違う考えとの出会いが思考を促す

ランキングには正解がない。よって，どうしてこのような順位づけになったのか，その理由を互いに述べ合ったり，聞き合ったりすることが学びを形成していく上で重要となる。自分とは違う考えや多様な価値観との出会いにより課題に対する理解を深めたり，新たな問いが立ち上がったりしていく。

例えば，M子は，「最初，科学の発展を1番下にしていたけれど，○○さんの意見を聞いて，世界に認められる日本人の医学者や科学者が増えたことは，世界に認められるきっかけになったと思うので順位をあげたいです。そのころの日本人がどんな活躍をしたのか知りたいです。」という感想を書いていた。交流により考えが変わり，さらに追究したい問いが立ち上がったことがわかる。教師の介入がなくとも，子ども同士の対話を通し，それぞれの出来事に対する自分の考えを整理したり，重要度を検討したりするなかで学びが深まっていく。

2 ふり返りから，子どもの思考を読み取る

二度のランキングを通し，自分が何に気づき，どのようなことを考えたのか内省する場がふり返りである。ランキングは目標を達成するための手段であり，目的ではない。よって，交流時の子ども同士の対話の様子をふまえつつ，交流後のふり返りの内容から，子どもの思考を読み取り評価することが大切である。

本時では，ランキングを通し，これから調べたい自分なりの問いを持つことが目標となっている。例えば，K男は，「大日本帝国憲法は，ドイツの憲法を手本に作ったと書いてあったけれど，何で，ドイツなのかが知りたいです。それから，まねをされたドイツはいやな気持ちにならなかったか知りたいです。ぼくだったら，まねをされたらいやだからです。」と書いていた。

活動中に子どもの頭の中でどんな思考が起こっていたのか，また，活動を通してどのような気づきや学びがあったのかを子ども自身にじっくり考えさせるには，ふり返りを書かせる際の指導言（本時の場合は「気になったこと・これから調べたいこと」）を吟味することも重要である。

3 学びの停滞している子どもに注目する

ランキングの交流場面では，最初は子どもたちがゆっくりと動き出し，しだいに対話が活発に行われるようになっていく。しかし，なかには活動に参加することのできない子どもがいる。例えば，ランキングの1位は決まったものの，他の順位が決められず席から動けずにいたY子には，自分のランキングが完全にできていなくとも，友達と交流してよいことを伝えた。その結果，二度目のランキングでは，交流で得た情報をもとに，自力でランキングを完成させ，その理由づけも書くことができていた。また，全体説明だけでは交流のやり方が理解できないT男には，最初の1，2回を教師がよりそい一緒に行うことで，自信がつき一人でも活動できるようになった。

ランキング資料プリント

大日本帝国憲法の発布　世界に認められる国としての土台ができる

やっぱり憲法が大切だ！　もとになる国のルールがなければ，議会を開いて話し合い，政治を行うこともできない。

これまで日本には欧米にあるような憲法がなかった。そこで，近代的な国の制度を整えるためにドイツの憲法を手本に，アジアの国々の中でも初めての近代的な憲法がつくられた。憲法ができたことで，民法や刑法などの法律も整えられていった。ようやく，世界に認められる国としての土台ができたのだ。

不平等条約の改正　世界の国々と対等の立場に立つ

やっと不平等条約の改正が実現し，世界の国々と同じ立場に立てた！

江戸幕府が結んだ各国との修好通商条約は，「領事裁判権をみとめる」や「関税自主権がない」といった不平等な内容であった。しかし，外国の国々とねばり強く交渉した結果，ついに条約の改正に成功することができた。これにより，世界の国々と対等な立場でつき合えるようになった。また，日本の産業も発展していくだろう。

※領事裁判権をみとめる：日本で犯罪をおかした外国人を日本の法律で裁判できない。
※関税自主権がない：日本は，相手国の同意なしに関税を決めることができない。

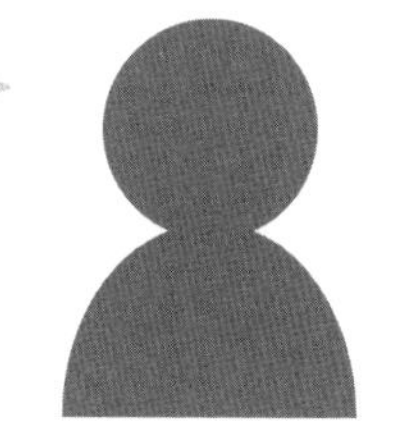

日清・日露戦争　アジアの強国として認められる

2つの大国からの日本の勝利は世界の国々をびっくりさせました！

1894年の日清戦争（日本と中国との戦争）では日本が勝利し，清から得たお金の一部で建てた八幡製鉄所は，その後の日本の工業発展の中心となった。また，1904年の日露戦争（日本とロシアとの戦争）では，多くのぎせい者がでたが，東郷平八郎率いる日本の艦隊が，無敵と言われていたロシアの艦隊を破るなどの活やくもあり，日本が勝利した。この勝利は，ヨーロッパの強国からの支配で苦しんでいたアジアの国の人々を勇気づけたのだ。

科学の発展　世界で活やくする日本人学者が次々と育つ

世界でみとめられる研究をした日本人の医学者や科学者が多くあらわれる！

明治政府は，外国から多くの科学者をまねいて，西洋の新しい知識や技術の指導にあたらせた。そのため学問の研究が急速に進み，明治のなかばには，特に科学，物理学，医学などの分野で，海外でも高く評価される日本人の学者が次々とあらわれた。例えば医学では，ペスト菌を発見した北里柴三郎，赤痢菌を発見した志賀潔，黄熱病とたたかった野口英世などがいる。その活やくは，今でも世界の人々の心にきざまれているのだ。

ランキングシート①

名前（　　　　　　　　　　　　）

世界の一流国の仲間入りを果たした日本を紹介するトップ記事ランキング！

もしあなたが新聞記者だったら，そのきっかけとなった4つの出来事の中からどの出来事をトップ記事としてとりあげるか，理由をしっかりと考えてランキングしよう！

★四角の中に言葉を入れランキングしよう

1番先 →

次 →

1番後 →

- **憲法**（大日本帝国憲法の発布）
- **条約**（不平等条約の改正）
- **戦争**（日清・日露戦争）
- **科学**（科学の発展）

★なぜそのようなランキングにしたのかな？

①その出来事を一番先にした理由（どんな点が他の国にみとめられたのかな）

②その出来事を一番後にした理由（他と比べどんな点が他の国にみとめられなかったのかな）

★交流タイム：友達と話し合おう

友達の名前	感想（○でかこもう）	理　由（簡単にメモしましょう）
①	！：なるほど △：反　対 ？：ちょっと疑問	
②	！：なるほど △：反　対 ？：ちょっと疑問	
③	！：なるほど △：反　対 ？：ちょっと疑問	
④	！：なるほど △：反　対 ？：ちょっと疑問	
⑤	！：なるほど △：反　対 ？：ちょっと疑問	

ランキングシート②

名前（　　　　　　　　　　　　）

★最終ランキングをしよう

1番先 →

次 →

1番後 →

憲法	（大日本帝国憲法の発布）
条約	（不平等条約の改正）
戦争	（日清・日露戦争）
科学	（科学の発展）

★最終的に，上のようなランキングにした理由は？

★今日の活動のふり返り

「ランキングや交流をして，４つの出来事で気になったこと，これから調べたいこと」

明治維新―私の採点―

単元目標

●我が国が欧米文化を取り入れつつ，廃藩置県や四民平等などの諸改革を行い，近代化を進めていったこととと，それにかかわる人物の願いやはたらきがわかる。
●歴史は様々な人々の願いやはたらきでつくられていることに気づき，その業績や行われた改革について，自分なりの判断や考えを表現することができる。

単元計画―7時間

学習過程	時数	おもな学習活動
つかむ	①	●江戸時代末期と明治時代の日本橋を描いた絵図から，明治の近代化に関心をもち，単元の学習問題をつかむ。
調べる	② ③ ④ ⑤ ⑥	●明治維新を進めた人々の業績と願いを理解する。 ●富国強兵の政策（地租改正，殖産興業，徴兵令など）について調べる。 ●文明開化による人々の生活や意識の変化について理解する。 ●西南戦争や自由民権運動を通して，政府に不満をもつ人々の行動が反乱から言動に変わっていったことを理解する。 ●国会の開設や大日本帝国憲法の制定について調べる。
表す	⑦	●明治の諸改革やそれに伴う人々の願いや業績について，自分なりに採点し，その理由を書く。

単元構成

導入では，江戸時代と明治時代との様子の比較から，明治維新の改革の大きさをつかませ，国の仕組みや社会の様子の変化について関心をもたせ，学習問題を設定する。その際に，黒船来航や五箇条の御誓文などから，これまでの江戸幕府の政策への不満，新しい国づくりへの当時の人々の思いにも気づかせていく。

調べる段階では，明治維新にかかわる改革の様子や人々の業績を理解するだけでなく，そこに携わる人々の願いや思いについても考えられるようにする。

終末では，明治の改革について，自分なりに判断し，評価するという活動を通して，明治の諸改革を遠い昔の出来事として理解するのではなく，自分ごととしてとらえ，主体的・多面的に考え，判断する態度や能力を育てていく。

●本時の概要

＊本時……❶❷❸❹❺❻❼

【本時目標】

明治維新の様子や改革のよしあしを話し合い，自分の採点とその理由をノートに書く活動を通して，明治維新の諸改革について考察し，自分の考えを表現する。

【準備するもの】

●大型ホワイトボード（班の数分）
●ホワイトボード用マーカー（黒と赤を班の数分）

【活動】

①大型のホワイトボードを4人班に1枚ずつ用意し，明治の諸改革でよかったことを出し合い，書き出していく。
②次に，よくなかったこと，十分でないことを出し合い，さらに書き出していく。
③各班のホワイトボードを見て回る。
④各自がノートに，明治の諸改革についての自分の採点とその理由を書く。

【活動の由来・参考文献】

●ホワイトボードの活用の仕方については，岩瀬直樹・ちょんせいこ著『よくわかる学級ファシリテーション② 子どもホワイトボードミーティング編』（解放出版社）を参考にしている。

本時の展開例 45分

説明
(10分)

●明治時代の学習のまとめとして，明治の改革について評価して，採点をしてもらいます。
●初めは，班で話し合いをします。最後は，一人一人自分の採点とその理由をノートに書きます。
●各班，ホワイトボードとマーカーを用意して，机を話し合える形にしましょう。

＊本時の学習課題とともに，主な活動がホワイトボードを使った話し合いであることをつかませる。
＊話し合いの進行役（ファシリテータ）を決め，その児童がマーカーをもつ。
＊机の上にイーゼルを置き，他の班からホワイトボードの表側が見えるように，ホワイトボードを設置する。

活動
(25分)

●まず，明治維新の諸改革で「よかったなと思うこと」を出していきます。
●次に，「よくなかったこと，十分でないこと」を出します。
●時間は，よかったこと，よくなかったこと，それぞれ6分ずつです。

＊教科書やノートを見てふり返らせ，どのような改革があったかを想起させる。
＊出た意見は，黒いマーカーを使いホワイトボードにどんどん書くように促す。
＊同じ改革でも，見方によって，よかったりよくなかったりする場合がある。班の中で意見が異なる場合は，話し合いを深めるように促す。

●次に，赤いペンを使って，出た意見の中で特に大事だと思うこと，大きいと言えることに線を引きましょう。
●理由を書き加えてもいいです。時間は6分です。

＊すでに出されている意見に赤い下線を引かせたり，新たに赤い文字で理由などを書き足させたりしていく。

●他の班のホワイトボードを見て回りましょう。時間は3分です。

＊他の班のホワイトボードを見て回り，自分の考えの参考にさせていく。自分の班とは違う意見を見つけるように促す。

ふり返り
(10分)

●ノートに自分の採点と，その理由を書きましょう。「私の明治維新の採点は，○点です。その理由は……」という型で書きます。

＊それぞれの班の意見が書かれているホワイトボードを，子どもたちの席から見えるように置き，参考にさせる。
＊自分の言葉で表現できる子には，型から離れて書いてもよいことを伝える。

児童の変容

1 評価，採点という行動が，主体的に考え，判断する力を培う

単元や授業の感想をただ児童に書かせても，「○○がわかった」「□□をしてすごいと思った」などの表面的な文章しか書かれないことが多い。しかし，友達と意見を出し合いながら，自らがその改革を評価し，採点するという設定によって，歴史事象を自分ごととしてとらえ，自分なりの価値観で判断するようになる。すなわち，根拠をもとにして論理的に考え，判断し，決定する力を培うことができるのである。

2 意見文の型を示し，論理的な思考・表現力をつける

授業の最後に，自分の評価・採点とその理由を述べる活動を設けている。この際に，意見文の型を用意することで，どの子も自分の判断とその根拠を論理的に述べることができる。せっかくよいことを考えていても，それを的確に表現することが苦手な児童も多い。こうした型を示して意見を述べさせることで，思考力・表現力を育てることができるとともに，児童が明治の諸改革のどのような点に重点を置き，それをどのように評価しているのかを見とることができる。

以下は，子どもたちが書いた採点とその理由の例である。

「ぼくの明治維新の採点は，80 点です。理由は，四民平等が行われ，人々の権限が平等になり，法律上差別されなくなったからです。しかし，徴兵令，富国強兵で軍事化が進み，戦争をたくさんする国になったのはよくないと思いました。」

「私の明治維新の採点は，60 点です。選挙が行われたのはいいと思う。でも，天皇だけが条例を決めたり，国民の意見を 1.1%しか聞いていなかったりしたのはだめだと思う。」

3 理解の差に対応する課題設定の仕方

歴史の学習における問題点のひとつに，児童それぞれの歴史認識や用語理解に大きな差があることが挙げられる。歴史好きや歴史に詳しい児童が，せっかくいい意見をもっていても，相手に伝わるような話し方ができなかったり，逆に歴史にうとい児童が，話の意味を理解できずに対話や討論の場に上がってこられなかったりすることが多い。とりあえず話すだけ，何となく聞くだけの児童に分かれてしまう授業である。

本実践での意見交換の仕方は，意見の対立を避け，一人一人の意見が尊重されるようになっているので，それぞれの理解に合わせて，認識し，思考していくことができる。

歴人召喚 ―黄金タッグ決定戦―

単元目標

- 「現在の日本が抱える課題」（日本の課題）を，新聞やニュースなどから読み取ることができる。
- 日本の課題を解決するのに適任の歴史人物を考え，発表することができる。
- 友達と考えを交流し，日本の課題と，その解決に適任の歴史人物について考えを深めることができる。

単元計画 8時間

学習過程	時数	おもな学習活動
「日本の課題」探し（家庭学習でもよい）	① ②	●平和で民主的な国家の一員としての視点から，「日本の課題」を探す。 ●「日本の課題」をワークシートにまとめる。
課題共有・絞り込み	③	●班（4～5人）で自分の考える「日本の課題」を紹介し合い，共有する。 ●「日本の課題」を班で2つに絞る。視点は，①緊急性，②重要性，③平和で民主的な国家形成への貢献度
「歴人召喚」準備	④ ⑤ ⑥	●歴人召喚の説明を聞く。 ●「日本の課題」解決に適任の歴史人物を選定する。視点は，①業績，②性格，③行動 ●班全員で役割分担して発表準備（「日本の課題」，召喚する歴史人物，なぜその人物なのかの選定理由）
「歴人召喚」発表	⑦ ⑧	●発表 ●採点（相互評価） ●ふり返り

単元構成

本実践では，①現在の日本が抱える問題や国際社会での課題を新聞やニュースなど生の情報から読み取り，まとめ，②その課題を解決するのに適任の歴史人物を考え，③説得力ある発表を準備して聞き合う。

①は個人で活動する。社会科で学んできた，各種の基礎的資料を効果的に活用する力や，社会的事象の意味をより広い視野から考える力を総合的に発揮できるようにする。そのために，情報源の選択肢を示し，十分な活動時間を確保する。また，課題を考える際の3視点（緊急性，重要性，平和で民主的な国家形成への貢献度）を与え，具体的な事例を示す。

②は班で協力して行う。既習の歴史人物の業績や伝わっているエピソードを詳しく調べ，人物の性格や特定の場面に対した時の行動などを想像し，課題解決に適任と考える歴史人物を選ぶ。

③は班で協力して行う。班の全員が役割をもち，責任をもって活動できるようにし，調べたことや社会的事象の意味について広い視野から考えたことを，根拠や解釈を示しながら表現し説明することができるようにしたい。

●本時の概要

＊本時……❶❷❸❹❺❻❼❽

【本時目標】

・日本の課題を解決するのに適した歴史人物を考え，発表することができる。
・友達と考えを交流し，日本の課題と，その解決に適任の歴史人物について考えを深めることができる。

【準備するもの】
- ワークシート「今，これが日本の課題」（P.78 前時までに記入済みの物）
- ワークシート「歴人召喚の札」（p.79，A3 サイズに拡大して使用する）
- ワークシート「歴人召喚　黄金タッグ決定　得点表」（p.81）
- 司会者用台本（p.80）

【活動】

①「歴人召喚」の説明を聞く。
②班（4～5人）になり，前時に班で決めた「日本の課題」2つを解決するのに適任の歴史人物を，課題ごとに考える。（業績，性格，行動の3視点から）
③班全員で分担して，日本の課題，召喚する歴史人物，選定理由の発表準備をする。
④班ごとに発表，採点し合い，最高得点の歴史人物ペアを「黄金タッグ」とする。
⑤学習をふり返り，日本の課題と歴史人物について考えが深まったことを発表し合う。

【活動の由来・参考文献】

- ロールプレイングゲーム「女神転生」の，物の怪を召喚するというゲームシステムから発想を得た。
- 班で行う歴史人物の選定活動（上記活動②）を，協同学習の手法「ラウンド・ロビン」（Round Robin，小グループで順に意見やアイデアを述べていく，ブレストの簡易版）で行っている。

本時の展開例　225分

説明
（10分）

●ここに2枚のお札があります（p.79）。これには特別な力があって，あの世から歴人を呼び出すことができるのです。それを「召喚」と言います。
●前の時間に「日本の課題」を班で2つに絞りました。（★）それを解決するために，現代に歴人を召喚するのです。
●召喚する歴人が決まったら，班ごとに発表して，それをお互いに採点します。一番得点が高かった班の歴人ペアが「黄金タッグ」に輝きます。題して「歴人召喚　黄金タッグ決定戦」です。

＊安倍晴明，陰陽師，式神などを紹介して演出すると雰囲気が出る。
＊班ごとの「歴人召喚」準備について，以下の3点を板書して説明する。
①1つの課題につき，1人の歴人を召喚する。
②課題ごとに違う歴人を召喚する。
③歴人の業績とエピソードをよく調べ，業績，性格，行動の視点から選ぶ。

活動
（205分）

（1）召喚する歴人を選ぶ（80分）

●まず，班ごとに，召喚する歴人を選ぶ活動をします。次の手順で行います。
①班の全員で話し合い，課題解決に適任だと思う歴人を決める。
②班の全員で分担して，歴人の業績とエピソードを調べる。
③班で集まり，進行役を1人決め，調べたことを1人ずつ報告する。
④業績，性格，行動の視点から，何を根拠に課題解決に適任だと説明するかを全員で話し合う。
⑤ワークシート「召喚の札」（p.79）に記入する。

＊①では，時計回りで順番に考えを述べる方法（ラウンド・ロビン）をとらせ，班全員の参加を促す。出てきた考えを，班の中央に置いたホワイトボードやA3用紙などに書きながら，候補をしぼっていくことができるようにする。
＊②では，教科書，資料集，インターネット，図書室の本など，様々な情報源から歴人の情報を調べ，ノートに書き留められるように支援する。
＊活動中，教師は班を回ってアドバイスをする。歴人を決めかねている場合は，適当な歴人の特徴を想起させるヒントを出す。誰を選ぶかで意見がぶつかっている場合は，互いの考えを聞き，どちらに説得力があるかに気づけるようにする。歴人について調べている段階では，業績，性格，行動について質問をして，課題とのマッチングを認めたりアドバイスをしたりする。

（2）発表の準備をする（45分）

●班全員で分担して，発表準備をします。次の4点に気をつけましょう。
①発表内容：まず「日本の課題」の1つ目を話し，次に，その課題解決のために召喚する歴人，そして，その歴人が適任である理由について話す。これを2つ目の課題についても同様に繰り返す。
②発表時間：6分ぴったりを目指す。
③役割分担：課題説明1人，召喚する歴人とその理由の説明1人。2つの課題で計4人が発表することとする。5人の場合には内容の多いところを2人で行う 。
④その歴人が適任である理由については，業績と，エピソードから想像する性格や予想される行動を根拠に話ができるようにする。

＊教師は班を回り，全員が活動に参加し，役割を分担できるように励ましたりアドバイスをしたりする。

（3）発表・採点・黄金タッグ決定（80分）

●それでは発表を始めましょう。司会さんお願いします。

＊発表する班の順番を，あらかじめくじなどを使って決めておく。
＊司会を決めておき，台本（p.80）を渡して内容を説明しておく。
＊時間配分は，発表時間6分，採点時間3分，次の発表準備1分の計10分を繰り返す。
＊発表の採点方法および得点の集計方法は，台本（p.80）を参照。

●それでは，歴人召喚黄金タッグを発表します。まず，第3位は……

＊3位から発表し，拍手を送り合う。教師の特別賞を発表すると盛り上がる。

ふり返り
（10分）

●歴人召喚の活動を振り返って，日本の課題と歴史人物について考えが深まったことをノートに書きましょう。（5～6分）

＊数人の発表を聞き合う。
＊教師はノートを確認し，全員で共有したいものは，後日紹介する。

★前時までに，次のように行っておく。（ワークシートの記入は家庭学習として取り組ませてもよい。）
①ワークシート「今，これが日本の課題」（p.78）を記入する（個人での活動）。
・教師が作成した記入例を使い，3つの視点（緊急性，重要性，平和で民主的な国家形成への貢献度）から，自分の考える「日本の課題」を決めることを説明する。
・新聞やニュースなど，信頼できる情報源の選択を意識させる。
・ワークシート上段の枠には，課題の根拠になる資料を貼り付けることとする。
②班内で，自分の考えた日本の課題を紹介し合う。
・班ごとに進行役を1人指名するなどして決め，1人ずつの発表時間を確保して，1人ずつ発表し聞き合う。
③班で話し合い，課題を2つに絞る。絞り込みは上記の3つの視点で行う。
（②と③を1単位時間で行う。）

児童の変容

1 歴人を選ぶワクワク感に支えられ，日本の課題と歴人への理解が深まる

「久しぶりの偉人たちが復活して，楽しく勉強することができました」「この課題には誰が一番適しているのか考えたり，ほかの班の発表を見るのが楽しかったです」「仮設住宅の高齢化とコミュニケーション不足を，ザビエルとどうつなげようかと必死でした」といったふり返りがあった。

誰を選ぼうか，あるいは，自分の好きなあの歴人をなんとか選べないかと，歴人の業績，伝わっているエピソードなどを様々な資料で嬉々として調べたり，友達と頭をつきあわせてあれこれ話をする子どもの姿が見られた。その意欲的に活動する時間が，日本の課題と歴人への理解を自然と深めているようであった。

2 3つの場面で資質・能力を見とる

「学んできたことをたくさん生かせる勉強だったと思います」とふり返った子どもがいた。この実践では，①日本の課題を調べてまとめる場面，②班で活動する場面，③ふり返りの場面の3場面で資質，能力を見とることができる。

「原発事故の除染廃棄物の問題はすごく重要だと思います。だから召喚する歴人は田中正造さんにしました」。こうふり返った子どもは，「日本の課題」ワークシートをまとめる際，福島の新聞を手に入れ，廃棄物を現状保管している場所の数，中間貯蔵地の地権者数などの具体的な数字を挙げ，課題の根拠としていた。

「僕は北方領土問題について語りました。友達と話しながら，もっと国全体でこの問題について考えていかないといけないなあと思いました」。この子どもは，友達と話すことで，北方領土問題の歴史的な背景について理解を深めていた。

「ほかにも，日本，そして世界は大きな問題をいくつも抱えていることがわかりました。私たちの力でこの先の未来を変えていかなければならないと思います。頑張ります」「本当に歴人を召喚できたらいいのにと思いました。でも，そんなことはできないので，私たちが頑張っていかないといけないです」など，ふり返りからは，課題に対する主体性も見とることができた。

3 発言に遠慮がちな子どもへの支援も大切に

ワークシートに事前に目を通し，中身が充実しているが，発言を遠慮してしまうことが予想される児童の場合には，班での活動中にさりげなく，その子どもの考える課題のよさに気づかせる声がけをする。また，歴人を決める場面では，グループの話し合いの様子を見て回り，発言を遠慮しがちな児童がいる場合には，ほかの児童の発言を認めながら，「○○さんはどう思うの？」などと発言を促す支援をするとよい。班で課題を絞り込み，歴史人物を選ぶ活動では，班全員の責任ある参加がなされるように協同学習の手法「ラウンド・ロビン」を取り入れた。手順が丁寧に行われるように，活動の様子を見守ることも大事にしたい。

今，これが日本の課題

6年　　組 名前（　　　　　　　　　　　）

（参考資料）
新聞切り抜き，信用できるホームページのコピーなど

■資料の要点（上の資料で言っていることは，つまり，こういうことです。）

■解決すべき課題（つまり，これが問題なんです！）

✡ 歴人召喚の札（壱）	✡ 歴人召喚の札（弐）
写 真 歴人の名前（　　　　　　　　　　）	写 真 歴人の名前（　　　　　　　　　　）
☆この歴人が解決に当たる課題	☆この歴人が解決に当たる課題
☆この歴人を召喚する理由 業績・性格・行動……	☆この歴人を召喚する理由 業績・性格・行動……

歴人召喚　黄金タッグ決定戦

台本

<始める前に確認すること>

・得点表が全員に配られている。

・採点についての説明が黒板に書かれている。

> 課題ごとに，2つのポイントを5点満点で採点する。
> 　(1) この課題大事だなポイント（①緊急性，②重要性，③平和で民主的な国家形成への貢献度の視点から考える）
> 　(2) この歴人ぴったりだなポイント（①業績，②性格，③行動の視点から考える）
> 合計点の欄に，合計点を書く。

・班の発表順が黒板に書かれている。

<シナリオ>

・これから「歴人召喚　黄金タッグ決定戦」を始めます。拍手〜！

・進め方を確認します。

・発表の持ち時間は6分です。6分経ったら合図をしますので，合図があったらできるだけ早く終わらせるようにしてください。

・1つの班が発表したら，3分間で採点をします。自分の班の採点はしません。

・採点が終わったら，次の班は1分で発表の準備をしてください。

・質問はありますか。（あったら先生が答える）

・それでは，最初の○班の皆さん，準備をしてください。（○班の準備を確認する）

・では，いよいよスタートです。みんなでタイトルコールして始めましょう。「歴人召喚黄金タッグ決定戦！」と言ったら，みんなで「スタート！」と声を合わせてください。いきますよ。「歴人召喚黄金タッグ決定戦！」

…………………………… 繰り返し ……………………………

・○班の皆さん，どうぞ！
　（発表，先生が6分はかります）

・（6分を過ぎたら）「6分経ちました。早めに終わらせてください」

・○班の皆さん，ありがとうございました。（拍手）

・それでは，○班の発表について採点をしてください。
　（先生が3分はかります。司会も採点します）

・採点をやめてください。次の△班の皆さん，準備をお願いします。

…………………………………………………………………………

・以上で，発表がすべて終わりました。

・班ごとに，1班から8班の合計点を集計して，先生に報告してください。ここまでの司会は，○○でした。ありがとうございました。（礼）

☆歴人召喚「黄金タッグ」決定　得点表

6年　　組 名前（　　　　　　　　　）

1班	召喚歴人（壱）	召喚歴人（弐）
	名前	名前
	この課題大事だなポイント	この課題大事だなポイント
	この歴人ぴったりだなポイント	この歴人ぴったりだなポイント
	合計点	

2班	召喚歴人（壱）	召喚歴人（弐）
	名前	名前
	この課題大事だなポイント	この課題大事だなポイント
	この歴人ぴったりだなポイント	この歴人ぴったりだなポイント
	合計点	

3班	召喚歴人（壱）	召喚歴人（弐）
	名前	名前
	この課題大事だなポイント	この課題大事だなポイント
	この歴人ぴったりだなポイント	この歴人ぴったりだなポイント
	合計点	

4班	召喚歴人（壱）	召喚歴人（弐）
	名前	名前
	この課題大事だなポイント	この課題大事だなポイント
	この歴人ぴったりだなポイント	この歴人ぴったりだなポイント
	合計点	

5班	召喚歴人（壱）	召喚歴人（弐）
	名前	名前
	この課題大事だなポイント	この課題大事だなポイント
	この歴人ぴったりだなポイント	この歴人ぴったりだなポイント
	合計点	

6班	召喚歴人（壱）	召喚歴人（弐）
	名前	名前
	この課題大事だなポイント	この課題大事だなポイント
	この歴人ぴったりだなポイント	この歴人ぴったりだなポイント
	合計点	

7班	召喚歴人（壱）	召喚歴人（弐）
	名前	名前
	この課題大事だなポイント	この課題大事だなポイント
	この歴人ぴったりだなポイント	この歴人ぴったりだなポイント
	合計点	

8班	召喚歴人（壱）	召喚歴人（弐）
	名前	名前
	この課題大事だなポイント	この課題大事だなポイント
	この歴人ぴったりだなポイント	この歴人ぴったりだなポイント
	合計点	

5年●算数　面積

「紙芝居プレゼン」で解き方紹介

単元目標

●三角形や平行四辺形などの面積の公式を理解し，公式を使って面積を求めることができる。
●3枚の紙芝居シートをもとに，面積の問題の解き方を自分の言葉で説明することができる。

単元計画 12時間

学習過程	時数	おもな学習活動
三角形の面積	① ② ③	●長方形や直角三角形の面積の求め方から，三角形の面積を求める公式について考え，公式をまとめる。
平行四辺形の面積	④ ⑤	●三角形の面積の求め方をもとに，平行四辺形の面積を求める公式について考え，公式をまとめる。
いろいろな三角形・四角形の面積	⑥ ⑦ ⑧ ⑨	●高さが外にある三角形や平行四辺形にも面積を求める公式が適用できることを理解する。 ●これまでの学習をもとに，台形やひし形の面積の求め方を考える。
面積の問題	⑩ ⑪	●三角形の高さや底辺と面積の関係を考える。 ●面積を求める式の形に着目し，式の表す意味を読み取る。
まとめ	⑫	●これまでの学習内容をもとに，面積の発展的な問題に取り組み，3枚の紙芝居シートを使って，解き方を説明し合う。

単元構成

本単元では，終末に，3枚の紙芝居シートを使って，面積の問題の解き方を説明し合うという，「紙芝居プレゼンテーション」(以下，紙芝居プレゼン)という活動を仕組んだ。単元の前半では，三角形や平行四辺形の面積を求める公式について考えていく。その後，三角形や平行四辺形での学習をもとに，台形やひし形の面積を求める公式をまとめていく。そして，終末では，これまでの学習内容を活用し，発展的な問題に取り組むことができるよう単元を構成した。

面積の学習で公式を使う場合，単に，数値を当てはめるだけでなく，その意味を理解した上で活用することが大切である。そこで，つまずきが多く見られる問題や正答率の低い問題を取り上げ，その解き方を紙芝居プレゼンで説明するという活動を仕組んだ。問題解決の過程を，3枚の紙芝居シートで説明するという活動を通し，子どもたちが面積の公式の有効性に気付いたり，順序立てて説明したりすることができるようにしたいと考えた。

●本時の概要

＊本時……①②③④⑤⑥⑦⑧⑨⑩⑪⑫

【本時目標】

正答率が低い面積の発展問題の解き方を，ペアで３枚の紙芝居シートにまとめ紹介し合う活動を通し，既習の学習内容を活用して問題を解くことができる。

【準備するもの】

- 紙芝居シート（８つ切り画用紙）
- 下書き用紙（B4 コピー用紙）
- マジック３色（赤・青・黒）

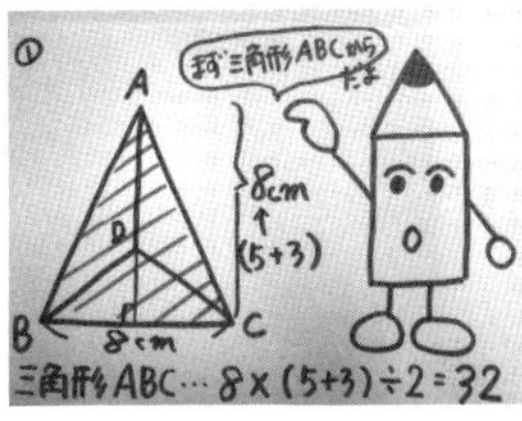

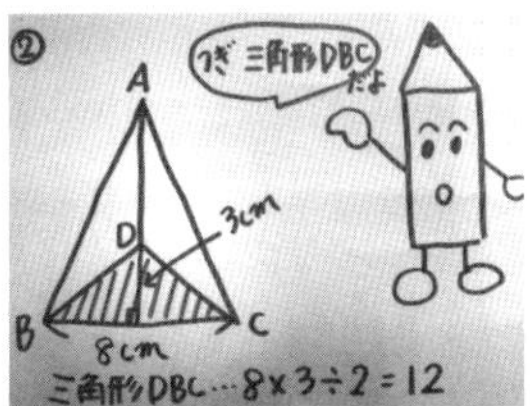

『紙しばいプレゼン』のやり方

★『紙しばいプレゼン』とは…
・3まいの画用紙に問題の解き方を式や図，言葉等でかき，それを紙しばいのように友達に見せながら説明する活動です。
わかりやすく，おもしろい紙しばいプレゼンを考えましょう。

★準備するもの　（1ペアに必要なもの）
・紙しばいシート（8つ切り画用紙）3～4枚
・下書き用の紙（B4）3～4枚　・マジック3色（赤，青，黒）

★紙しばいプレゼンの作り方
(1) 問題の解き方をペアでかくにんします。
・まずは自分で問題を解きます。その後，解き方の順序やポイントをペアでかくにんします。
※ペアでも解き方がわからない時は，他のペアのところに行き，解き方をかくにんします。

(2) 解き方を「最初に」「次に」「最後に」の3段階に分けます。
・解き方がたくさんある時は，速く，正かくにできる方法を選びます。
・ペアでおしゃべりしながら，3段階での問題の解き方を，式や図，短い言葉で3枚の下書き用紙にかいてみます。

(3) 紙しばいシート（3まい）に書きます。
・下書きをもとに，色使いや文字の大きさを考えながら式や図，解き方のポイントを短い言葉で書きます。（鉛筆で書き，後からマジックでなぞります。）
※紙しばいシートを使った説明（語り）が一番大切です。紙しばいシートをきれいに書くことが目的ではありません。

(4) 紙しばいプレゼンの練習をします。
・紙しばいシートを持つ，説明するなど，ペアで役割を決めます。
・書き上げた紙しばいシートを使い，説明の練習をします。
※「次に何をすると思いますか。」「式をいっしょに読んでみましょう。」など，友達の考えを聞いたり，一緒に式を読んだりする活動を入れることも，わかりやすく，おもしろいプレゼンにする方法の1つです。

【活動】

①紙芝居プレゼンの作り方・紹介の仕方を確認する。
②ペアごとにわかりやすさや面白さを追究しながら，問題を解決するための紙芝居プレゼンを考え，紹介の準備を行う。
③ペア同士で，互いの考えた紙芝居プレゼンを聞き合う。
④紙芝居プレゼンを行ったり，友達のプレゼン紹介を聞いたりして気付いたことや考えたこと，さらに工夫したいことなどについてふり返りを書く。

【活動の由来・参考文献】

- 紙芝居プレゼンテーションという考え方は，川島直著『KP 法 シンプルに伝える紙芝居プレゼンテーション』（みくに出版）を参考にした。
- 算数問題の解き方を紙芝居にして紹介する先行実践としては，上條晴夫編，九貫正博・佐藤民男著『子どもの意欲を育てるワークショップ型授業 小学５・６年』（教育同人社）を参考にした。限られた時間内で解き方紹介ができるよう紙芝居の枚数を３枚に限定した。
- 『授業づくりネットワーク』2012 年 12 月号（No.305），あすの授業「紙芝居プレゼンで解き方紹介」を加筆修正した。

本時の展開例　45分

説明
(5分)

●問題の解き方を3枚の紙芝居シートにまとめ，紹介し合います。わかりやすく，面白い解き方紹介を考えましょう。

＊紙芝居プレゼンのやり方をプリントを使って説明する。
＊子どもたちが紙芝居プレゼンのイメージを持つことができるよう，実態に応じ，既習の問題を使った紙芝居プレゼンのモデルを教師が示す。
＊紙芝居シート（3枚）を配る。

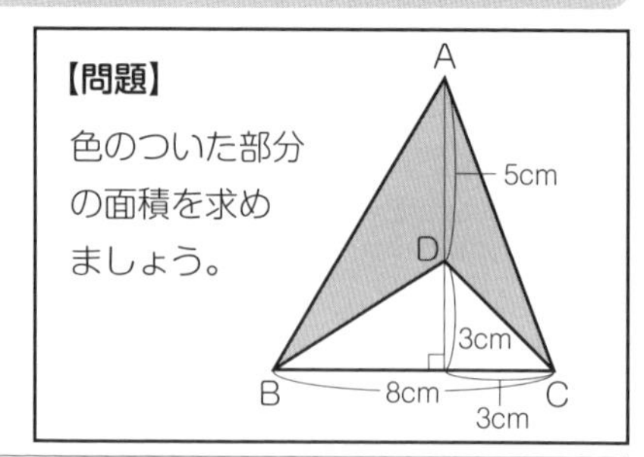

★紙しばいプレゼンの作り方（プリントより抜粋）
(1) 問題の解き方をペアでかくにんします。
・まずは自分で問題を解きます。その後，解き方の順序やポイントをペアでかくにんします。
(2) 解き方を「最初に」「次に」「最後に」の3段階に分けます。
・解き方がたくさんある時は，速く，正かくにできる方法を選びます。
・ペアでおしゃべりしながら，3段階での問題の解き方を，式や図，短い言葉で3枚の下書き用紙にかいてみます。
(3) 紙しばいシート（3まい）に書きます。
・下書きをもとに，色使いや文字の大きさを考えながら式や図，解き方のポイントを短い言葉で書きます。（鉛筆で書き，後からマジックでなぞります。）
(4) 紙しばいプレゼンの練習をします。
・紙しばいシートを持つ，説明するなど，ペアで役割を決めます。
・書き上げた紙しばいシートを使い，説明の練習をします。

活動
(35分)

●ペアで問題の解き方を確認し，わかりやすく面白い紙芝居プレゼンを考えましょう。時間は25分です。

準備タイム
(25分)

＊ペアごとに机を合わせ，協同で学習を進めるよう指示する。
＊複数の解き方を考えたペアには，速く正確にできるおすすめの方法を1つ選び紙芝居プレゼンにまとめるようアドバイスする。
＊3枚の紙芝居シートを使った説明（語り）が大切であり，紙芝居シートをきれいに仕上げることが目的ではないことを声がけする。

交流タイム
(10分)

●ペア同士で，お互いの紙芝居プレゼンを紹介し合い，感想を述べ合いましょう。時間は10分です。

＊席の前後や左右など，交流相手を名前マグネット等で示しておくことで，限られた時間内での子ども同士の交流の活性化を図る。
＊初めにじゃんけんをして，勝ったペアから紹介を行い交代する。
＊交流後の感想の視点として，①よかった点，②さらにわかりやすく面白くするためのアドバイス等を，黒板に掲示しておく。

ふり返り
(5分)

●紙芝居プレゼンを行ったり，友達のプレゼン紹介を聞いたりして気付いたことや考えたこと，さらに工夫したいことなどについてふり返りを書きましょう。

＊答えの求め方が一人でも説明できるか，自己評価も入れてふり返りを書くよう指示する。

児童の変容

1 紙芝居プレゼンの準備を通し，問題の意味理解が進む

初め問題を自力で解くことのできなかったＡ子が，紙芝居プレゼンの準備を進めるうちに，「何だか，解き方がわかってきた」とつぶやいた。また，Ｒ男は「解き方を３枚に分けてかくと，順序よく（始めに，次に，最後に）説明ができていいね」と練習に取り組んでいた。さらに，別のペアからは，「この三角形の高さと底辺に気付けば三角形の面積の公式が使えるから，色をつけてわかりやすくしよう」と既習内容をもとに準備を進める姿が見られた。

ペアごとの交流が始まると，子どもたちは友達の説明の仕方や，紙芝居シートにかかれた絵や言葉に注目し，互いのやり方のよい点や改善点を指摘する姿が見られた。自分たちの紹介準備と友達の紹介を聞くという活動をくり返し行ったことで，解き方を理解し，説明の仕方に自信をつけた子どもの姿が多く見られた。

ただ，紙芝居プレゼンは目標を達成するための手段であり目的ではない。完璧を目指すと時間がいくらあっても足りなくなるため，時間を区切って準備を行い交流できるようにしたい。

2 問題解決の過程に目がいく

子どもたちのふり返りに，「これまでは，答えを求めればいいと思っていたけれど，解き方を説明できるようになることが大切だと思った」「答えや求め方はわかるのに，説明を紙芝居シートに書こうとすると，何をどうかいたらいいか迷った」「○○さんたちの紹介はとてもわかりやすかった。次は，あんなふうに説明できるようになりたい」などの文章があった。いずれも，問題解決の過程や説明の大切さに気付いた内容であった。

今回は，初めての紙芝居プレゼンということで，紙芝居シートを書くことと紹介準備で精一杯のペアが多かった。よりわかりやすく，楽しく伝えるための工夫や他の単元での活用についても，今後考えていきたい。

3 子どものつまずきに合ったアドバイスを行う

紙芝居プレゼンを行うには，その前提として，①その問題の解き方がわかること，②解き方を説明する際の順序（最初に，次に，最後に）がわかること，③３枚の紙芝居シートへのまとめ方と説明がイメージできること，などが求められる。

①でつまずいている子どもに対しては，ペアで相談したり，他のペアに説明を聞いたり，教師から考え方のヒントを示したりして，問題の解き方が理解できるようにする必要がある。②でつまずいている子どもには，「最初にどうするの？」「次に？」「最後に？」などと問いかけながら，問題解決の過程を説明するための順序を意識させる必要がある。③でつまずいている子どもには，紙芝居シートにかく内容や，どのような語りを入れるとわかりやすい説明となるのか，ペア同士で演じさせたり，イメージを下書き用紙に書かせたりするなどの手立てが有効である。

●算数　どの学年・どの単元でも

ホップ・ステップ・クラス
―考えを比較する場面で―

活用場面

- 算数の学習指導では，多様な見方・考え方を生かした問題解決が重視されている。教科書では，どの学年においても，またどの単元においても，以下の例のように，複数の考え方や解き方が提示されていることが多い。授業では，子どもたちにそれぞれのやり方を説明させたり，よりよい方法はどれかを考えさせたりする。
- 本実践では，こうした学習場面をアクティブ・ラーニングに転換するために，協同学習技法の「ホップ・ステップ・クラス」（個人→ペアやグループ→クラス全体という流れで活動を行う）を用いる。この技法を用いることで，子どもたちがすすんで学習する場が生まれ，互いの考えを高め合う姿がより多く見られるようになる。

考えを比較する場面　（例）4年 複合図形の求積

次の図形の面積の求め方を考えましょう。

5cm　3cm　4cm　7cm

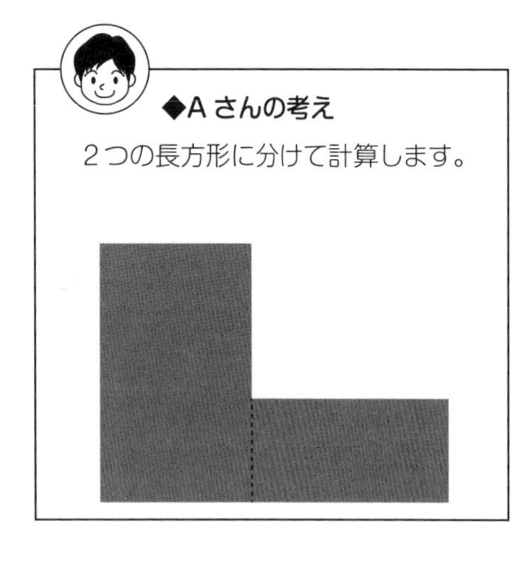

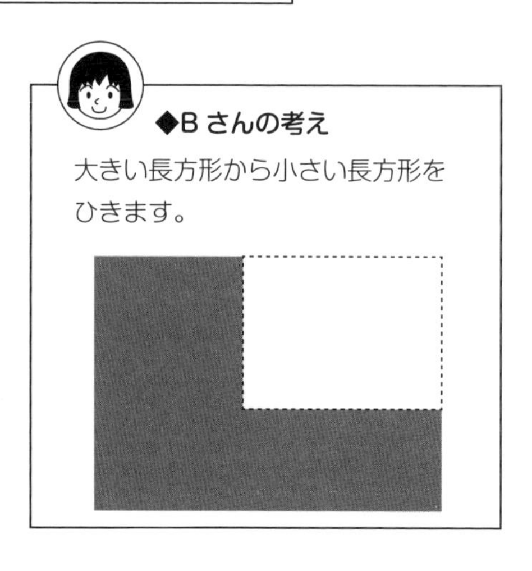

● 本時の概要　＊本時……6年「分数のわり算」全11時間単元の5時間目

【本時目標】

分数や小数の混じった乗除計算のやり方について，互いの考えを伝え合い，説明し，小数を分数で表すと計算しやすいことを理解し，計算することができる。

本時で扱った問題

【例題】 $0.3 \div \frac{3}{5}$ の計算のしかたを考えましょう。
2人の考えを説明しましょう。

【ひろき】

$\frac{3}{5} = 3 \div 5$
$= 0.6$
$0.3 \div \frac{3}{5} = 0.3 \div 0.6$
$= 0.5$

【かおり】

$0.3 = \frac{3}{10}$
$0.3 \div \frac{3}{5} = \frac{3}{10} \div \frac{3}{5}$
………

＊問題は，東京書籍『新編 新しい算数6』平成27年度版，p.90より

【準備するもの】
- 教科書の問題をB5またはA4サイズにして人数分準備
- 同じ問題をA3に拡大したもの（ペア学習用）
- 子どもと同じ問題の拡大版（板書掲示用）

【活動】

①教科書の問題をB5またはA4のサイズで準備し，1人1枚配布する。
②ホップ【1人】「ひろきさんの考え」「かおりさんの考え」を1人で解く。
③ステップ【ペア】「ひろきさんの考え」を説明する人と「かおりさんの考え」を説明する人に分かれ，互いに説明と質問を行う。（ペア用のA3の問題用紙を1枚配布）
④ステップ【4人グループ】ペアを合わせて4人グループにし，「ひろきさんの考え」を説明するペアと「かおりさんの考え」を説明するペアに分かれ，説明と質問を行う。
⑤クラス【全体】グループ代表者が「ひろきさんの考え」か「かおりさんの考え」を発表し，質問や付け加えを行う。

【活動の由来・参考文献】

- 「ホップ・ステップ・クラス」では，①1人で考える（ホップ），②ペアやグループで考える（ステップ），③クラス全体で考える（クラス）という流れで活動を行う。協同学習の技法の1つである。本実践を行うにあたっては，M・M・サルト著／宇野和美訳『読書へのアニマシオン 75の作戦』（柏書房）を参考にした。
- 溝上慎一著『アクティブラーニングと教授学習パラダイムの転換』（東信堂）
- ジョージ・ジェイコブズほか著／関田一彦監訳『先生のためのアイディアブック―協同学習の基本原則とテクニック―』（日本協同教育学会，ナカニシヤ出版）

本時の展開例 45分

説明
(10分)

●今日はこの問題を解きます。次のような順番で解きましょう。
①【ホップ】1人で「ひろきさん」「かおりさん」の考えについて解きます。
②【ステップ】ペアで，「ひろきさん」を説明する人，「かおりさん」を説明する人を決めて，互いに説明・質問を行います。
③【ステップ】ペアを合わせて4人グループになります。ひろきさんのペアとかおりさんのペアに分かれ，説明・質問・付け加えを行います。
④【クラス】グループの代表者が全体に説明します。代表者の考えについて質問や付け加えをみんなで行います。
●この流れで問題を解いていくよさは何でしょう？
・助け合いながら学べる
・違いを受け入れることができる
・分からなくても助け合える
・教え合うことで考えが深まる
などが予想されます。

＊子どもたちへ配布したプリントの拡大版を提示し，手順を説明する。
＊ホップ，ステップ，クラスで問題を解くよさに気づかせる。

活動
(30分)

●ひろきさん，かおりさん両方の考えを説明できるように解きましょう。(約5分)

【ホップ】1人（5分）

＊問題用紙を配布する。(B5またはA4，問題の量や内容で決める)
＊気づいたことや説明に必要なことは書き込んでもよいことを伝える。
＊1人で考えられないような子が多いクラスでは設定時間を短くする。

【ステップ】ペア（8分）

●隣とペアになって，「ひろきさんの考えを説明する人」「かおりさんの考えを説明する人」を決め，説明・質問を行いましょう。（4分×2）

＊A3の問題用紙をペアに1枚配布し，それをペアの中心に置き，話し合わせる。
＊聴き方・話し方が優れているペアのよい部分を全体に紹介する。
＊気づいたことや説明に必要なことは書き込んでもよいことを伝える。

【ステップ】グループ（8分）

●ペアを崩さず4人1組になります。「ひろきさんの説明」をするペアと「かおりさんの説明」をするペアを決め，説明・質問を行いましょう。（4分×2）

＊「問題用紙を手に持ち，見やすくする人」と「説明する人」を1組とする。
＊相手が見やすい，聴きやすい工夫を常に意識させる。
＊男女が対角線になるような座席にする。(中心に話が落ちるようになる)

【クラス】全体（9分）

●全体発表・確認を行います。ひろきさん・かおりさんの考えの説明を発表しましょう。（9分）

＊「ひろきさんの説明」「かおりさんの説明」それぞれ1グループずつの発表にする。
＊グループの発表について質問や意見・付け加えを行う。
＊内容が重なる場合には，1つのグループの考えについて，他のグループが質問・付け加えを行なう。

ふり返り
(5分)

●定着問題に取り組みましょう。ふり返りシートに書き込みましょう。

＊本時で解いた問題と関連した問題を準備しておき，解かせる。

児童の変容

1 問題の繰り返しと友達を頼れる安心感で理解度を伸ばす

「ペアで確認して，班でも確認するのでとてもわかりやすかった」「説明が少し難しかったけど，ペア・班・全体という授業の流れがわかっていたので安心して取り組めた」などの感想が多くの児童から出された。1人→ペア→グループ→全体と，場を変えて活動を繰り返す中で，説明・質問・付け加えのサイクルが生まれ，最初の不確かな考えが，徐々に確かな考えに変容していったのである。

子どもたちは互いに身体を向かい合わせながらプリントに寄り添い，同じ1枚の紙に書き込みながら，問題を解いていた。

A児「ひろきはね，分数を小数に直しているんだよね。だから，5分の3を3÷5にして0.6だよね。小数を揃えて計算すればできるよね。その後に…」

B児「そっか！わかる，わかる！　じゃあ次，僕ね。かおりはね，小数を分数に直して計算しているんだ。だから，0.3を10分の3にしているんだよ。分数同士の計算は習っているからね」

ふだん全体では質問しづらい部分も，「えっ，どういうこと？」「あのね，この3÷5を分数にするためにはね…」というように，ペア・グループならば尋ね合い，教え合うことができていた。

ペアの時にA3の問題用紙1枚で確認させることも1つのポイントである。自ずと距離感が近くなり，学級全体によい雰囲気が生まれ，それがより集中する授業基盤となる。

2 プロセスを通じた学習の評価

今日の授業の最終目的を最初に述べておく。「○○の問題を解けるようになる」と。そのためには，これから取り組む内容が大切であることを伝える。最後の定着問題を確認することで，本当に理解したのか，相手の説明を理解しながら聴くことができていたのか，という指標になる。問題が解けるということは相手の話を理解したことにつながる。ペアやグループでの説明活動では，論点から外れずに説明できているかを確認する。また，時間が足らずにできなかった場合は，配布した問題用紙に書かれているメモや内容から思考の評価を行う。

3 学力低位の児童へのサポート

低位の児童は，1人思考の段階でつまずくことが予想される。その際は，ペアのもう1人が2人分説明してもよいことを確認しておく。さらに，ペアでもわからなければ，グループや全体で確認していけるチャンスがあることを伝えておく。そうした活動の見通しを与え安心感をもたせておくことで，積極的なペアでのコミュニケーションが生み出され，互いの考えを質問や意見という形で表現することができる。

3年●理科　実ができたよ

育ち方すごろく

単元目標

●すごろく作りを通して，植物の育ち方を理解する。

単元計画　3時間

学習過程	時数	おもな学習活動
準備 すごろく作り	① ②	●『育ち方すごろく～モンシロチョウ版～』で遊ぶ。 ●ホウセンカの種を観察する。 ●『育ち方すごろく～ホウセンカ版～』を作成する。
すごろく遊び	③	●作成した『育ち方すごろく～ホウセンカ版～』で遊ぶ。 ●ふり返りを行う。

単元構成

「すごろく」を作る長所は以下の３点である。
①順序性を意識できる
②調べたことをいくらでも入れられる
③子どもたちが工夫できる自由度が高い
本単元は，順序性のある植物やこん虫の育ち方を理解することがねらいとなる。
「すごろく」では，順序性を強く意識することができるため，本単元のねらいをずばりと達成することができると考えた。また，オリジナルの「すごろく」を作成するに当たり，教科書や資料集の言葉・写真・図，そして実物をじっくりと観察する必然性が出てくる。楽しく理科の知識を定着するための“工夫”が子どもたちから泉のように湧き出てくるのも，自由度が高い「すごろく」作りだからこその魅力であろう。
単元のはじめでは，教師が作成した『育ち方すごろく～モンシロチョウ版～』を体験する。ペアで協力して取り組むように作られている。マスにはそれぞれ，大切な言葉を繰り返し声に出すミッション（指令）があったり，動作化に取り組むミッションがあったり，教科書の写真や図を見たりするミッションが書いてある。ペアで温かくつながりながら，繰り返し楽しく理科の知識を定着することができる「頭ほぐし」の活動である。(「頭ほぐし」における『育ち方すごろく』実践については，阿部隆幸・東北青年塾著『はじめの５分で頭の準備運動を！「頭ほぐし」の学習ベスト50』（学事出版）に詳細を記載した。)
「すごろく」による「頭ほぐし」を体験していると，オリジナルの『育ち方すごろく～ホウセンカ版～』の作成に一層スムーズに移行することができる。『育ち方すごろく～モンシロチョウ版～』を繰り返し体験するうちに，子どもたちから「作ってみたい！」という声が出てきたらしめたものである。「モンシロチョウ」と同じこん虫の仲間である「ショウリョウバッタ版」や「アキアカネ版」を作成することもできる。また,植物では「ヒマワリ版」「ピーマン版」「ワタ版」なども可能であろう。実態に合わせて取り組んでいただきたい。

●本時の概要　＊本時……❶❷❸

【本時目標】

すごろく作りを通して，植物の育ち方を理解する。

児童が作成した「育ち方すごろく～ホウセンカ版～」の例

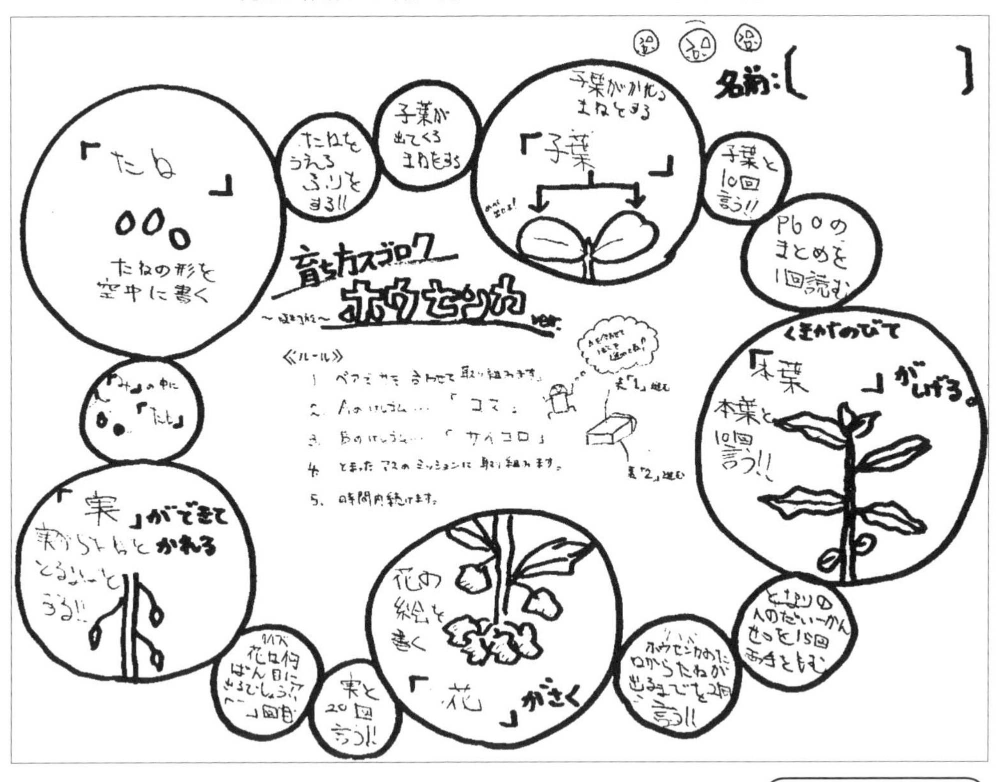

【準備するもの】
- すごろくペーパー

【活動】

①教師が作成した『育ち方すごろく～モンシロチョウ版～』で遊ぶ。
②すごろく作りにつながるようにホウセンカの種を観察する。
③オリジナル『育ち方すごろく～ホウセンカ版～』を作成する。

【活動の由来・参考文献】

- 佐々木潤著『一日一笑！教室に信頼・安心が生まれる魔法のネタ』（学事出版）の「○○○ができるまでスゴロク」の実践を参考にした。「社会科のいろいろな単元で使えます。」と紹介してあるが，理科版にアレンジして行った。
- 阿部隆幸・東北青年塾著『はじめの5分で頭の準備運動を！「頭ほぐし」の学習ベスト50』（学事出版）に所収の鈴木優太「育ち方すごろく」に，「頭ほぐし」の『育ち方すごろく～モンシロチョウ版～』を紹介している。

本時の展開例 90分

説明
（10分）

●『育ち方すごろく～モンシロチョウ版～』で遊びます。隣の席の友達と力を合わせるすごろくです。見てわかるとおり，ぐるぐる1周するようになっています。やめと言われるまで繰り返し続けてください。
●2人のそれぞれの消しゴムを使います。1つの消しゴムが「コマ」になります。もう1つの消しゴムが「サイコロ」になります。広い面の片方を「1」，もう一方を「2」と決めてください。それ以外の面が出たら仲良くハイタッチをしましょう。準備ができたペアから始めてください。

＊『育ち方すごろく～モンシロチョウ版～』を配布し，5分間取り組む。
〈ルール〉
①ペアで力を合わせて取り組む
②Aさんの消しゴムが「コマ」
③Bさんの消しゴムが「サイコロ」
④止まったマスのミッションに取り組む
⑤時間いっぱい続ける

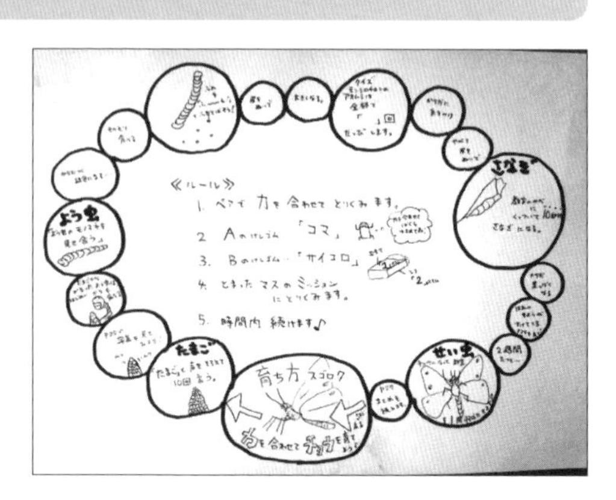

活動
（80分）

●『育ち方すごろく～ホウセンカ版～』を作ります。世界にたった1つの遊んで学べるオリジナル「すごろく」を作ります。作成時間は，今回と次回の2時間です。3時間目には，作った「すごろく」で遊びます。
●遊んで学べる「すごろく」を作るために，次の3つのことを守ってください。
①ホウセンカの育つ順番がわかるすごろくであること
②教科書に出ている言葉や写真，実物のホウセンカも参考にしてよいこと
③楽しく理科の知識が身に付く工夫は大歓迎であること
●それでは，用紙を配ります。準備ができた人から作り始めましょう。

＊用紙を配布する。
＊実態に合わせ，白紙ではなく，マスが型どってあるものを使用するのもよい。また，子どもたちから出てきたアイディア（例えば，「たねを植えるふりを5回する」や「たねから芽が出た時の思い出を語る」，「たねの形を空中に10回書く」など）を適宜全体に紹介する。
＊教師は机間を回りながら，適宜相談に乗る。なかなかアイディアが浮かばない児童には『育ち方すごろく～モンシロチョウ版～』をマネしてもよいことを伝える。
＊実態に合わせ，ペアで協同して作る活動にしてもよい。
＊タイマーなどで，作業の残り時間が子どもたちにわかるようにする。

児童の変容

1 植物の育ち方の「順序性」を意識できる

すごろくは「順序性」を意識できるという特性をもった題材である。

「種をまくとまずは根が出るんだったよね。色は白っぽいやつ」

「子葉は子どもの葉っぱで，その後から本当の葉っぱ，本葉が出てくるんだった」

子どもたちは，植物の育ち方の「順序性」を意識し，「種」「根」「子葉」「本葉」「茎」「花」……と大切な理科の学習用語に触れた「すごろく」を完成させていた。

「頭ほぐし」として行った『育ち方すごろく～モンシロチョウ版～』は，たまごからスタートして再びたまごに戻ってぐるぐると何周も行うすごろくである。これがモデルとなったのもあり，すべての子どもがこのぐるぐると何周も行うタイプのすごろくを作成していた。「花」が枯れると「種」となり，そこからまた「命は繰り返されていく」ということを意識することができていたようである。

2 工夫できるから学びが生まれる

教科書やノート，観察カードを見返し，友達と思い出を語らいながらすごろく作りに取り組む姿が見られた。自由度の高い制作活動なので，子どもたちは様々な工夫をする。

「観察したのと同じ大きさで種のイラストをかきました」

「種を第１関節ぐらいの深さに植えたけど，それをクイズにしてみようかな」

「種から根が出てくる感じをモノマネしたらおもしろいかも」

机間を回り，子どもたちから出てきたアイディアを全体に紹介すると，張り切って制作に取り組む子どもたちの姿が見られた。キーワード暗唱，動作化，教科書音読，クイズ，ふり返り発表……楽しく，温かく，理科の知識を定着できる工夫が次々に飛び出した。子どもたち自身からアイディアに溢れた「学び方」が出てくるのがこの題材のおもしろいところである。

3 作業時間の個人差は協同でカバーする

自由度の高い制作活動であるがゆえに，どうしても個人差が出る題材でもある。また夢中になればなるほど，時間内に作り上げる難しさがある。制作活動に苦手意識がある子どもも，仲間のアイディアに触れながら活動に取り組める課題や環境を整えたい。タイマーを設置する他にも，私は次のように課題を提示している。

「作成時間は，今回と次回の 80 分間です。この 80 分間は教室のどこで，誰と，どのように学び合ってもかまいません。ただし，80 分間で教室の全員が完成できるように全力を尽くしましょう。完成できたと思う人は名前マグネットを移動します。名前マグネットが移動できていない友達のところへ行って，一緒に作るのもいいですね。友達のよいところはマネ，自分のよいところも友達にどんどんマネをしてもらいましょう。はじめます」

6年●理科　電気の性質とはたらき

電気と熱のヒミツ　―ジグソー学習―

単元目標　（小単元）

●直列回路において，電熱線の発熱量が大きい物の特徴を理解することができる。
●それぞれの場で確認した実験の結果を持ち寄り，互いの考えを聞き合いながら電熱線について考察することができる。

単元計画―2時間　（小単元）

学習過程	時数	おもな学習活動
予想	①	●電気はどのように形を変えて日常生活で使用されているかを学習する。 ●ドライヤーの実物を観察し，中に電熱線が使われていることに気づく。 ●「どんな電熱線を使えば，ドライヤーで早く物が乾かせるだろうか」という学習問題を確認する。 ●学習問題に対しての予想を立てる。 ●予想をもとに，必要な実験道具の確認をする。
実験 交流	②	●予想から考えた実験道具を準備し，実験の手順を確認する。 ●自分の希望した実験グループに分かれ，実験を行う。 ●ホームグループに戻り，各実験グループの実験結果を交流する。 ●ホームグループで考察を行い，まとめる。 ●ふり返りを行う。

単元構成

本小単元では，電熱線を使用した実験を行う。自分たちの予想（考え）から実験計画を立てるようにし，子どもたちの意識を連続させるようにした。そのため予想の時間を多く配分し，単元を構成している。また，それぞれ実験グループに分かれて実験をさせることで，実験に対する個々の意欲を高めたいと考えた。

今回の実践では，子どもたちの予想をもとに，形状の異なる次の４つの電熱線を用意した。

①細くて長い　②細くて短い　③太くて長い　④太くて短い

なお，教科書では長さについては扱っておらず，太い電熱線と細い電熱線を比べていく内容構成だったが，子どもたちの意識を連続させるように，あえて発展的に内容を扱っている。上記①～④の４つの場を実験グループとして，ジグソー学習を仕組んだ。他の実験結果はホームグループに戻らなければわからないこと，自分が参加したグループの実験結果がないと考察が成り立たないことから，それぞれが責任をもって活動していくことをねらいとしている。

● 本時の概要　＊本時…… ❶ ❷

【本時目標】

直列回路において電熱線は，「細い」よりも「太い」，「長い」よりも「短い」ほうが発熱量が大きいことを理解することができる。

【準備するもの】

●資料（p.98）
資料1：電熱線回路図（各実験グループに）
資料2：サーモテープの見方（各実験グループに）
資料3：結果記入用紙（1人1枚ずつ）
●ストップウォッチ（各実験グループに）

【活動】

①ホームグループで相談し，それぞれが担当する実験グループを決める。
②実験グループに分かれ，交代しながら実験を行う。
③ホームグループに戻り，実験結果の交流をする。
④ホームグループで交流した結果をもとに，学習問題に対する考察をする。
⑤ふり返りを行い，「今日したこと・わかったこと・実験でがんばったこと・実験を行ってみて気づいたこと」を記入する。

【活動の由来・参考文献】

●ジョージ・ジェイコブズほか著／関田一彦監訳『先生のためのアイディアブック―協同学習の基本原則とテクニック―』（日本協同教育学会，ナカニシヤ出版），編集代表：上條晴夫『授業づくりネットワーク No.4：協同学習で授業を変える！』（学事出版）等を参考にし，ジグソー学習を実験活動の中に位置づけた。
●ジグソー学習を行うこと自体が目的ではなく，ジグソー学習を行うことで，実験に対する意欲を高めることを目指した。

本時の展開例 45分

説 明
(10分)

●今から4つの場所に分かれて実験を行います。このグループは実験グループと呼びます。自分がどの電熱線の実験をしたいか，班（ホームグループ）で話し合って担当を決めましょう。
●担当の実験グループが決まったら，メモを取る準備をして移動をします。実験グループの中で，交代をしながら実験をします。
●実験が終わったら，結果を今の班に持って帰ってもらいますので，しっかりと責任をもって結果を記録しましょう。

＊予想についての自分の立場を確認させる。
＊実験方法を板書する。
＊実験グループでの注意点を説明する。

活 動
(25分)

●同じ実験グループになった人を確認し，実験の順番を決めましょう。決まった実験グループから準備を始めます。(5分)
●準備ができた実験グループから実験を始めましょう。(20分)

実験
(20分)

＊実験道具の配布に合わせて，各グループへ資料1・資料2も配布する。
＊素早く準備をしている実験グループや個人を賞賛し，その意識を周りへ広げていくとともに，行動を促していくようにする。
＊実験の途中にも「記録はできていますか？」と，結果の持ち帰りを再確認し，責任をもった行動を心がけさせる。
＊実験グループの中で順番が守られているか，結果をただ写しているだけの子がいないかを観察し，ルール面を徹底する。
＊時間の計り方や，サーモテープの見方などは机間指導を行いながらアドバイスをしていく。
＊観察の仕方が上手，実験の段取りがよい，笑顔で楽しく実験できているなどの実験グループを取り上げて賞賛し，学習参加への意欲を伸ばしていく。

考察
(5分)

●実験が終わったら片づけをし，班に戻りましょう。全員がそろったら，それぞれの結果を報告し，学習問題に対する考察を考えます。(5分)

＊ただノートを見せて終わりではなく，それぞれの結果を報告する形で結果の交流を行うように伝える。
＊考察を書く際に，結果と学習問題をつないで考えさせ，「このことから～ということがわかりました」という考察の雛型に合わせて書かせるようにする。

ふり返り
(10分)

●ノートに今日のふり返りを記入しましょう。

＊「今日したこと・わかったこと・実験でがんばったこと・実験を行ってみて気づいたこと」の視点を与え，感想を書かせる。
＊実験グループで頑張っていた人を見つけていれば，合わせてノートに記入しておくように伝える。

児童の変容

1 学習意欲を高める展開にする

まずは具体物を実際に示すことで学習問題への意欲付けをおこなった。家庭用のドライヤーを近くで見せたのだが，ドライヤーの中身を間近で見たことのある子どもは少なく，「鉄みたいな物が見える」「おー，何かすごい」といった声が上がった。翌日以降に「家のドライヤーを見てみました」「同じような形をしているものがありました」という子どもも多く，交流場面に向けての意欲付けとしての反応は上々だった。また，あえて実験場面を限定することで子どもたちの意欲の高まりを感じることができた。「先生，別の実験もやってみたいです」や「別の班の結果を見に行ってもいいですか」などの前向きな発言が多く聞かれた。

実験を見ているだけで終わってしまう子どももいる。しかし，少しだけ実験（活動）に制限を加えることで，「他のグループが気になるな」「これで結果は正しいのかな」といった，実験に対して意欲的な姿が随所に見られた。

2 関わりの中で学習をする（責任感を伴った交流活動）

「もしさぼったら自分の班の人に迷惑をかけるから，みんながきちんと実験できる」（子どもの感想より）。自ら動き，動いた先にホームグループの友達とそれをもとに聞き合っている場面を見ると，いつもはノートを書いているだけだった子にも多くの動きが見られたように思う。それは活動に対する責任感であり，友達に求められる必要感からくるのではないだろうかと考えている。

「いつもやっている人じゃなくて，他の人と実験できたから楽しかった」「違う班の人とも意見が言えるからよかった」「他の班の人とコミュニケーションがもっととりやすくなる」。理科実験の中でいつもメンバーを変えながら実験を進めていくことは難しい。しかし，実験場面だけでも，分かれて活動する場を与えることで上記のような感想も生まれた。違うメンバーと活動することで，このように感じた子が多くいたことは驚きであった。子どもたちは実験内容のみに留まらず，人との関わりの中でコミュニケーションの楽しさや大切さも感じてくれたのではないかと思う。

3 関心力を高め，学力を保障する

実験グループで担当した実験以外の結果は，次時に演示実験を行いすべてのグループの結果を全体で確認した。いつもは目の前の実験を眺めているだけで積極性に欠けていた学力の厳しい子も，どの演示実験の結果も興味深そうに確認することができていた。一度興味・関心をもつことができれば，子どもたちの意識は長続きするし，連続していく。これはあえてジグソー学習で制限をかけて実験をした結果であると考える。本実践では，確認を全体の前での演示実験にしたが，時間が許すのであれば，再実験をおすすめしたい。

※資料１　電熱線回路図（４種類）

※資料２　サーモテープの見方（サーモテープは温かくなると黄色→赤色へと変化する）

サーモテープの見方（みかた）

赤（あか）くなった　＝　あたたまった！

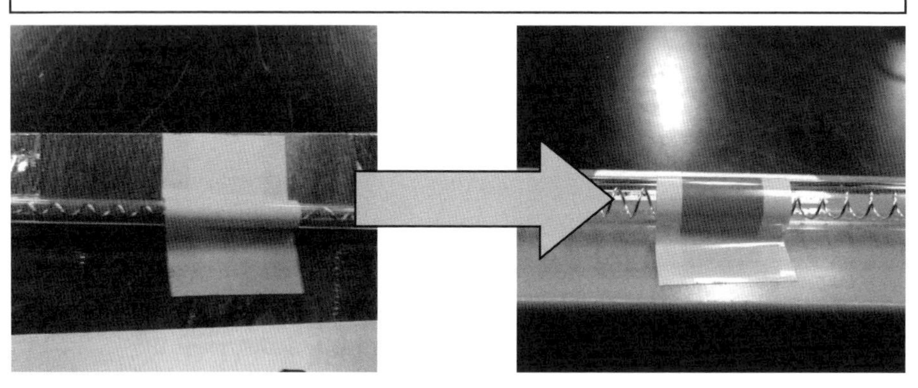

※資料３　結果記入用紙（１人用・記入後ノートに貼り付け）

（1）担当の電熱線の太さは？ **太い　・　細い**	（2）担当の電熱線の長さは **長い　・　短い**
（3）結果（あたたまるまでの時間）	変化の様子（言葉で）
１回目　　　　　　　秒	
２回目　　　　　　　秒	
３回目　　　　　　　秒	

4年●音楽　曲の気分を感じ取ろう

その曲を聞いてみたくなる紹介文をつくろう

単元目標

●歌詞の内容や曲想にふさわしい表現を工夫して，思いや意図をもって演奏したり，曲想とその変化を感じ取って創造豊かに聴いたりする。

●感じ取ったことを交流しながら，楽曲に対する自分の考えをまとめることができる。

単元計画－6時間

学習過程	時数	おもな学習活動
曲の気分を感じ取って演奏しよう 「赤いやねの家」（歌唱） 「オーラリー」（器楽）	① ② ③	●歌詞の内容や旋律の特徴から感じ取ったことを交流し,「赤いやねの家」の歌唱表現に生かしていく。 ●範唱や範奏を聴き，曲の感じをつかむ。また，サミングの仕方などを確認し，音色に気を付けてリコーダー演奏をする。
音楽が表している様子を思い浮かべながらきこう 「山の魔王の宮殿にて」 「つるぎのまい」	④ ⑤	●「山の魔王の宮殿にて」の主な旋律部分を聴いて，何度も繰り返される旋律に気付く。 ●曲想をつかんだ後に，速度や強弱，音色など観点を示し，ワークシートにメモをしながら鑑賞する。 ●感じ取ったことを交流し，グループごとにホワイトボードにまとめていく。 ●まとめたことをもとに,楽曲の紹介文を一人一人が書く。相談をしたり，読み合ったりしながら，書いた紹介文を修正していく。
	⑥	●「つるぎのまい」を聴いて，曲想の変化を感じ取り，「山の魔王の宮殿にて」との比較をグループで行う。

単元構成

本題材は，これまでの学習のまとめとして，表現と鑑賞の活動を通して音楽を形づくっている要素（拍の流れやリズム，旋律，強弱，音色，音の重なりなど）を手がかりにしながら曲想を感じ取ることをねらいとしている。

後半の鑑賞の学習では,「ＣＤショップで提示する紹介文をつくる」という課題を設定し，ホワイトボードを活用した児童同士のコミュニケーションの場において，自分なりの感じ方を交流できるようにした。感想の交流に終始してしまうのではなく，目的意識をもって楽曲を鑑賞し，音楽を形づくっている要素を観点とした交流を，ホワイトボードで可視化していく。何度も鑑賞しながら，話し合ったことを確かめたり，新たな気付きにつながったりするような場を設定した。交流を通して多面的に楽曲を鑑賞し,感じ取ったことを表現する力を育成したい。

●本時の概要

＊本時……①②③❹❺⑥

【本時目標】

旋律の反復，速度や強弱の働きが生み出す曲想とその変化を感じ取り，それを友達と話し合いながら，楽曲の特徴や演奏のよさを紹介文にまとめる。
（『小学校の音楽4 教師用指導書研究編』教育芸術社 p.90 より引用）

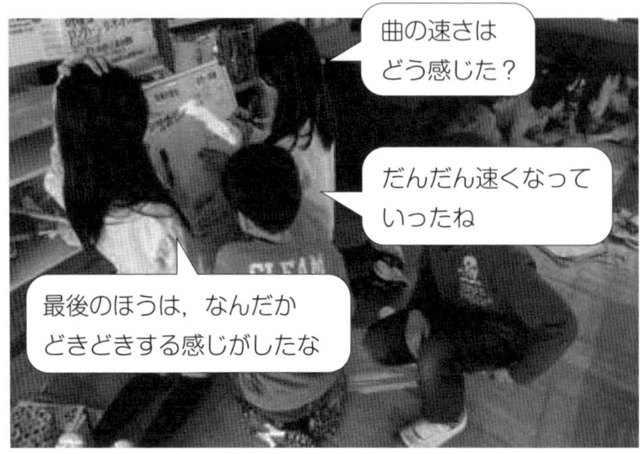

自分たちのメモをもとにホワイトボードで交流

【準備するもの】

●大きなホワイトボードとワイヤーイーゼル（グループ数分），ミニホワイトボード，ボードマーカー，イレーザー
●鑑賞用ＣＤ，作曲者写真，主な旋律の図形楽譜
●鑑賞用ワークシート（p.104），紹介文シート，音楽の要素カード

【活動】

①「山の魔王の宮殿にて」を鑑賞し，どんな感じがしたのかを話し合う。
②作曲者，曲が表す情景，繰り返される旋律について，教師の説明を聞く。
③曲想の変化を感じ取りながら楽曲全体を聴き，ワークシートにメモする。
④４～５人のグループで，自分なりの気付きを交流してホワイトボード上に交流を可視化していく。オープンクエスチョンで情報の共有を深めていく。
⑤交流した情報を参考にして「聞いてみたくなるような紹介文」を作成する。

【活動の由来・参考文献】

●題材の扱いは，『小学生の音楽４　教師用指導書』（教育芸術社）を参考にしている。
●ホワイトボードの活用については，ちょんせいこ著『ホワイトボードで学級が変わる!! 話し合い活動ステップアッププラン』（小学館），ちょんせいこ著『ちょんせいこのホワイトボード・ミーティング』（小学館）を参考にして実践している。
●楽曲の説明の仕方やワークシートについては，宮城県石巻市立門脇小学校・佐藤亜紀教諭の実践を参考にさせていただいた。

本時の展開例 90分

説 明
（25分）

●鑑賞する楽曲の最初の部分を聴きます。曲の題名をペアで考えましょう。

＊題名をペアで相談させ，ミニホワイトボードに書いて全体で交流する。

●これはグリーグが作曲した「山の魔王の宮殿にて」という楽曲です。繰り返される旋律に気を付けて，もう一度聞いてみましょう。
●聴きながら気付いたことはワークシートにメモしていきます。

＊主な旋律を図形楽譜（下図板書Ⓐ：主旋律の流れを点と線などの図形で表したもの。点の大きさは強弱を表し，上下の位置で音の高低を表す）で示して確認をする。また，題名や教科書の挿絵を活用しながら，本楽曲を含む組曲「ペールギュント」のあらすじを説明する。

＊ワークシートの使い方を説明する。「①低音楽器が主な旋律を演奏する部分→②高音楽器が主な旋律を演奏し，徐々に徐々に速くなっていく部分→③オーケストラ全体で演奏し，音量と速度が上がる部分→④終わりの部分」に分けてメモするように指示する。（鑑賞しながら①②③④の分かれ目を指示する。）

＊ワークシートに活用できるように，曲の感じを表す言葉を提示する（下図板書Ⓑ：普段の鑑賞指導の際に使用した言葉や児童が使っていた表現を書き加えておき，音楽室に常時掲示しておく）。

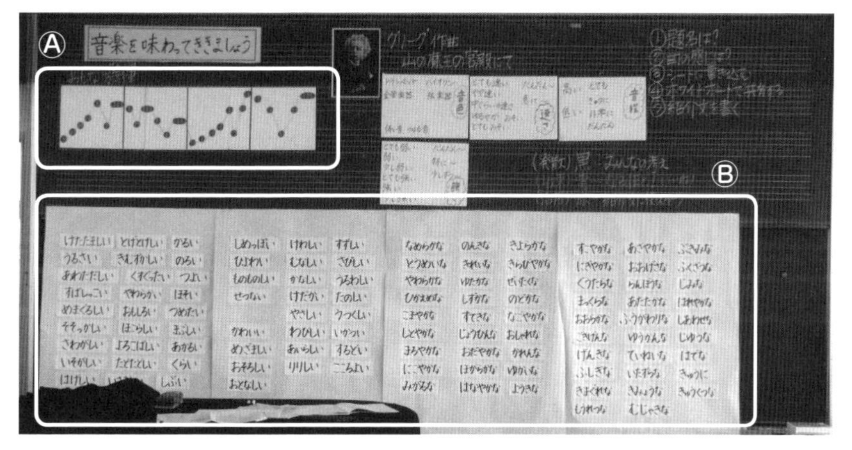

活 動
（55分）

●「山の魔王の宮殿にて」の紹介文を一人一人が書きます。CDショップのお客さんが，この曲を聴いてみたくなるような文章を書くのが活動のゴールです。
●各自のメモをもとにして，グループで交流します。オープンクエスチョンで質問しながら，情報をホワイトボードに書き出していきます。
●話し終えたら，各自で新しい気付きや紹介文で使えそうな表現を探してみましょう。

＊まず一人一人の気付きを，大きなホワイトボードに黒のマーカーで記述していく。次にグループごと，「なるほど」「いいね」と思う記述を青のマーカーで，紹介文

で使えそうな表現を赤のマーカーで印を付けながら話し合うように伝える。

＊「オープンクエスチョン」とは，「○○とはどういうことですか？」など，回答者が思ったことを自由に答えられる質問の仕方のことである。

＊マグネットでホワイトボードに貼ることができる「観点カード」（強弱／音楽の変化／曲の感じ／旋律の動き／音色／速さ）を用意し，話し合いで使ってもよいことを伝える。

●交流した情報を参考にしながら，ＣＤショップのお客さん100人のうち90人が，この楽曲を聴いてみたくなるような紹介文を書いてみましょう。

＊以下の「わかりにくい紹介文例」を紹介し，どんな表現がわかりにくいのかを考えさせる。

「この曲は，少しずつはやくなっていくので，ざんこくな感じがします。音が変化していくので，おそろしい感じもします。」

「バイオリンやトランペットが使われているので，こわい感じがします。題名が「山の魔王の宮殿にて」なのでこわいのです。だから，あまりおすすめしません。」

ここでは，以下の５つの部分について，全体で情報共有をした。

①少しずつ速くなっていく≠ざんこくな感じ

②音が変化していく≠恐ろしい感じ

③バイオリンやトランペットの音色≠こわい感じ

④題名「山の魔王の宮殿にて」≒こわい感じ

⑤「あまりおすすめしません」だと紹介文にならない

＊情報共有したグループで相談しながら，紹介文を書いてもよいことを伝える。

＊活動中は繰り返し楽曲をＢＧＭとして流しておき，書いたことを確かめることができるようにする。

ふり返り
（10分）

●アドバイスを参考にしながら，自分が書いた紹介文を修正しましょう。

●修正が終わった人から紹介文の交流をします。同じグループで情報共有をした友達の紹介文や違うグループの友達の紹介文を読み合いましょう。

＊聴いてみたくなるような紹介文になっているのか，またその文章にはホワイトボードで共有した情報が生かされているのかを観点として読み合う。

紹介文を互いに読み合いアドバイス

児童の変容

1 主体的に鑑賞の学習に取り組ませるための仕掛け

鑑賞の授業は，楽曲を聴かせて感想を交流することで終わってしまうことが多い。しかし，馴染みのない楽曲を１回聞いただけで感想を述べるのは大人でも難しい。まして馴染みのないオーケストラの楽曲では，どのように聴けばよいのかわからなくなる児童はさらに増えるだろう。活動中は本楽曲をＢＧMとして繰り返し流している。何度も繰り返し聞くことで，楽曲に対して親しみを感じることができ，話し合ったことをすぐに聴いて確かめることもできる。

また，「感じたことを書いてみましょう」というだけの指示は，誰にどんな目的で書くのかという部分が曖昧であり，それが児童の学習意欲を削いでいくものと考える。そこで本時では，単なる感想ではなく，「ＣＤショップのお客さん 100 人のうち 90 人がこの楽曲を聴いてみたくなるような紹介文を書く」という課題とした。相手意識と目的意識がより明確になったことが，児童の活動を促進したと考えている。

2 観点カードの効果――話題の焦点化と話合いの深まり

ホワイトボード・ミーティングによる交流の際には，本時の鑑賞のねらいに沿った「観点カード」を用意することで，児童同士の距離感が近くなり，観点に沿って各自の意見を出し合い，交流が深まっていくグループが多かった（右写真）。一方，観点カードを使わなかったグループでは，ホワイトボードを等分割し，各自のメモを書き出したうえで共通点や相違点を比較しており，交流が深まるまでに時間を要していた。

なお，本題材は学年のまとめの内容であるため複数の観点を与えているが，他の題材では，ねらいに即した観点を絞って与え考えさせるという方法も考えられる。

3 実践上の課題――「よい紹介文」とはどのようなものか

本時では，「楽曲を聴いてみたくなるような紹介文を書く」という活動イメージは児童に共有されたものの，どういう紹介文がよいのかという評価の視点を全体で吟味することはしなかった。そのため，ともすると，書き込む情報内容よりも文章表現のテクニックについて交流してしまう姿も見られた。

詳しい情報を盛り込むことが必ずしも「聴いてみたくなる」というわけではないことから，学習のねらいが達成されるように鑑賞して感じ取ったことを紹介文や解説などを書く活動を考えていく必要を感じている。

鑑賞シート
曲の気分を感じ取ろう

年　　組　名前

観点	①	②	③	④
曲の感じ				
旋律の動き				
音色・楽器				
速　さ				
強　弱				
音楽の変化				

ミニ OST で課題発見！
―友達と練り上げる追究課題―

単元目標

●地域の歴史の中で興味・関心のもてる課題を見つけ，追究していくためのテーマを考え，ポスターに表すことができる。

単元計画 4時間

学習過程	時数	おもな学習活動
導入 ミニ OST	① ②	●地域の歴史について，Web 上の情報を確認しながら，自分に関係のある情報について関心をもつ。 ●地域の歴史で関心をもったことについて追究テーマを考え，近い問題意識をもつ友達とグループをつくり，相談しながらグループのテーマをまとめる。
講話	③	●「まちづくり」に関するゲストティーチャーの講話を聞き，要点をメモするとともに，郷土を見る視点を得る。
課題ポスターづくり	④	●講話を聞いたことや，ミニ OST で話し合ったテーマを踏まえて，調べ方を見通した追究テーマ（確定版）をつくり，ポスターにする。

単元構成

本単元は，総合的な学習における導入の単元である。前後期制による 70 時間の指導計画のうち，後期 35 時間の活動に伴う「課題づくり」の 4 時間単元として，問題解決のサイクルに合わせて単元を構想した。大まかな単元の全体構想は以下のようになっている。

・課題設定（4 時間）　OST による追究課題づくりとグループづくり
・情報収集（15 時間）　ゲストティーチャーの講話を聞く取材活動など
・分析・整理（8 時間）　「函館歴史新聞」編集会議による取捨選択
・まとめ・表現（8 時間）　「函館歴史新聞」製作及び発表会の開催

Web 上の情報や，ゲストティーチャーの講話，地域の方やベテランの先生へのインタビュー（課外）から触発された地域の歴史について，最終的には壁新聞にまとめるという見通しのもと，児童の興味関心による課題を設定して追究活動を行った。また，場所は普通教室 2 つ分の広さがある視聴覚室を利用した。大型のスクリーンを使えることも利点の 1 つである。

子どもたちが，自分の「学びやすさ」にそって活動できるように，活動構成や学習環境を工夫して計画している。作成した追究テーマは，子どもたちがやりたいことにそって，言葉を補ったり中心を明らかにしたりできるように支援したい。

●本時の概要 ＊本時…… ❶❷❸❹

【本時目標】

追究課題をつくるための OST を行い，自分と問題意識の近い友達とグループをつくって，これからの活動の見通しをもつことができる。

【準備するもの】

- A4 コピー用紙（人数分＋ 30 枚）
- 人数分の水性マジック
- ワークシート
- セロハンテープ
- PC，プロジェクタ，スクリーン

【活動】

① Web 上に公開されているまちの歴史について，だいたいをつかむ。
②個人作業で，「もっと知りたいこと」を A4 コピー用紙 1 枚に表す。
③全員でサークルをつくり，順番に発表する。
④自由に歩き回って「問題意識の近い相手」とグループをつくる。
⑤グループの追究課題を 1 つにまとめて，全体へ発表する。

【活動の由来・参考文献】

● OST（オープン・スペース・テクノロジー）とは，参加者自身がテーマを設定し，それについてグループで話し合い合意形成するためのワークショップ手法。ハリソン・オーウェン著『オープン・スペース・テクノロジー』（ヒューマンバリュー）が基本図書。本実践は，教室に持ち込むために簡易的なやり方にアレンジしている。

本時の展開例 90分

説 明
(20分)

●後期の総合的な学習は，「知りたいな，“函館の歴史／昭和の歴史”」です。まちの歴史に詳しい人にインタビューしたり，ゲストティーチャーのお話を聞いて，新聞にまとめます。
●今日は，調べていくときの「テーマ」を考えてグループをつくります。その前に，どんなことが内容に含まれるでしょうか。まちの歴史について，インターネットではこのような情報を得ることができます。みなさんで見てみましょう。

＊視聴覚室に４年生全員（92名）を集め，大型スクリーンにインターネットブラウザの画面を映し出す。
＊教師が予め用意しておいた検索キーワードを入力してヒットしたサイトを閲覧する。「函館市と亀田市の合併」「函館市小学校児童数」から，内容を解説したり，当時の映像を見ながら「この時，○○の道路は舗装されていなくて，雨が降ると……」など，当時の生活実感からまちの様子を語る。

活 動
(60分)

●まちの歴史についてもっと知りたくなったことはありますか？ 誰かに聞いたり，本やインターネット，図書室の資料で調べていくとわかりそうなテーマを考えましょう。

個人思考
(10分)

＊一人に１枚，A4のコピー用紙と水性ペンを配る。
＊文末が「〜か？」という疑問形になるように追究テーマを書く。
＊なかなか書き出せない子どもには，教師から適宜アドバイスを行う。
＊このとき，アドバイスはなるべく具体的に，実物や人の名前を挙げて，「どんなことがわかりそうか」「どうやってアプローチするとよいか」というところまで踏み込んで行うようにする。
＊個人思考の時間として，おしゃべりは禁止する。

全体発表
(30分)

●全員で発表します。大きなサークルをつくってください。あとから小グループをつくりますから，「自分と近いものはないかな？」「同じグループで追究するとやりやすそうだな」という人を見つけてください。

＊全員で輪になって座る。一人ずつ，自分の考えたテーマを発表する。コピー用紙に書かれた字が見えるように，両手で高い位置に掲げ，「全員に聞こえる声で」発表するようにアドバイスする。
＊なるべく一人一人の問題意識の「よさ」が共有されるように，価値付けをしながら教師が進行する（子どものテーマをいくつかのカテゴリに分類しながら聞くようにすると，グループづくりのサポートがしやすい）。

グループ
づくり
(20分)

●グループをつくります。人数は4～7人になるようにつくってください。自分とそっくりな問題意識の人同士で集まると，新聞の編集会議がしやすいですし，自分の考えたテーマとは全然違ったものに興味をもってグループになるのでもいいです。
●グループができたら小さなサークルをつくって，座ってください。グループの追究テーマをつくります。

＊A4のコピー用紙を頭上に掲げながら歩き回ってグループを組む友達を探す。
＊人間関係等に配慮しながら，グループに入れない子どもをサポートする。
＊サークルになって座ったグループに，もう一度コピー用紙を渡し，テーマをまとめるように促す。
＊適宜，教師からアドバイスし，端的なテーマにまとめられるようにする。
＊書き終わったコピー用紙は，壁に貼る。

ふり返り
(10分)

●これから教室に戻ってふり返りを書きます。壁に貼られた他のクラス，グループのテーマを見て，これから先の学習がどのようなものになりそうか考えてワークシートに記入してください。

＊グループごとに壁に貼られたテーマを1枚ずつみて，自分たちの追究活動のヒントになりそうなものはないか相談する。
＊教室に戻ったらワークシートにふり返りを記入する。
＊互いの活動に興味をもって取り組むことで，この先の交流の場面にも主体的に参加できるようになる。掲示物などで子どもの学びの足取りを視覚化しておきたい。

児童の変容

1 情報から触発された問題意識を「追究テーマ」に高められる

子どもにとっては，「いま，ここ」が“まち”のすべてである。いま，クラスで一緒にいる友達，家にいる家族，通学路の途中で行き交うおじさんやおばさん。「自分の住んでいるまちの歴史」といっても，具体的に想像することが難しい。そこで，本やインターネット，ゲストティーチャーの話から得られた情報について，興味をもったことや疑問に思ったことをふくらませて追究テーマを設定することにした。

しかし，触発された興味や疑問は，「なぜ昔は函館は小さかったのか，学校は大きかったのか」など，そのままでは追究に耐える「問い」の形にならないことが多い。そこで，友達同士で「何が知りたいのか」「どういうことがわかればそれはテーマが解明されたと言えるのか」を相談する。これによって「函館は合併によって大きくなったのに，小学校数や児童数が減ったのはなぜか」というように，見通しのもてる追究テーマになる。

2 追究方法や最終的な表現の仕方までを見通す力が育つ

「どうしてこのテーマにしたの？」「どういうことが知りたいの？」「僕のテーマと，こういうところが似ているよね」「そうそう，おんなじ」「あ，でも，これも知りたい！」。問題意識の近いグループで話し合っていると，「要するに○○」と端的に要約できるくらいに，共通点が明確になる。

このように「何について」が焦点化されると，「どのように」調べたらよいのか，ということが自ずと明らかになってくる。函館市と亀田市の合併による人口の変化は『函館市史』を参照すると調べられる。また，当時と現在の児童数を比べるなら，図書室に残っている開校記念誌や，校長室の資料が役に立つ。気の早いグループからは，「じゃあ，昼休みに校長室に行こうよ！」という発言も聞かれた。

3 主体的な課題設定とグループの合意形成を両立する難しさ

個人思考の時間に，ある程度「問いの形」ができていた子が集まったグループは，相談がまとまるまでが比較的スムーズだった。しかし，なかなか焦点化されないグループもいくつか見られた。OST は，参加者の主体性を発揮させることに重きを置いたシステムであるため，このような「濃淡」が生まれることはある程度予想される。どこまで踏み込んでアドバイスしたらよいか迷う場面ではあるが，「その子どもたちだけで本を探せるか，誰に聞いたらよいか候補を見つけられそうか」を目安にしながら案配したい。すべてを任せきるのでもなく，すべて与えてしまうのでもなく，単元全体を見通して，ちょうどよい負荷になることを心がける。グループで意見がまとまらないという場合には，「要するに何が知りたいのか」というシンプルな問いに戻って考えるようにアドバイスする。論点は示し，解決方法は任せるということを基本的なスタンスにすると，OST というシステムとも整合的である。

■ 編者紹介

上條晴夫　かみじょう・はるお

東北福祉大学教授。1957年山梨県生まれ。山梨大学教育学部を卒業後，小学校教師，児童ノンフィクション作家を経て，教育ライターとなる。現在，お笑い教師同盟代表，特定非営利活動法人「全国教室ディベート連盟」理事などを務める。主な著書として，『教師教育』（編著，さくら社），『スペシャリスト直伝！ 学びのしかけで学力アップ！ 学習ゲームの極意』（明治図書），『ワークショップ型授業で国語が変わる 小学校／中学校』『ワークショップ型授業で社会科が変わる 小学校／中学校』（編著，図書文化社）ほか多数。

■ 執筆者一覧　（執筆順　所属は2015年9月現在）

氏名	所属	担当
上條　晴夫	編者	第1章 p.6-19，第2章 p.22-41
内藤　慎治	福岡市立和白東小学校	第3章「国語」p.44-49，「算数」p.86-89
菊地　南央	二本松市立新殿小学校	第3章「国語」p.50-55
尾形　英亮	仙台市立南光台東小学校	第3章「国語」p.56-61
増川　秀一	寒河江市立柴橋小学校	第3章「社会」p.62-68，「算数」p.82-85
田中　博司	東京都公立小学校	第3章「社会」p.69-72
中嶋　卓朗	仙台市立錦ケ丘小学校	第3章「社会」p.73-81
鈴木　優太	仙台市立田子小学校	第3章「理科」p.90-93
平井　　彰	福岡市立城浜小学校	第3章「理科」p.94-98
藤坂　雄一	石巻市立釜小学校	第3章「音楽」p.99-104
藤原　友和	函館市立昭和小学校	第3章「総合」p.105-109

教科横断的な資質・能力を育てる
アクティブ・ラーニング 小学校
主体的・協働的に学ぶ授業プラン

2015年11月25日　初版第1刷発行　［検印省略］

編著者　上條晴夫©
発行人　福富　泉
発行所　株式会社　図書文化社
〒112-0012　東京都文京区大塚1-4-15
Tel. 03-3943-2511　Fax. 03-3943-2519
http://www.toshobunka.co.jp/
振替　00160-7-67697
装丁・組版デザイン　中濱健治
DTP　株式会社 Sun Fuerza
印刷　株式会社 加藤文明社
製本　株式会社 村上製本

ISBN 978-4-8100-5665-5　C3337
乱丁，落丁本はお取替えいたします。
定価はカバーに表示してあります。